没落官僚

国家公務員志願者がゼロになる日

中野雅至
神戸学院大学教授

818
中公新書ラクレ

はじめに　霞が関崩壊のXデーに何が起きるか？

「ブラック霞が関」「人生の墓場」など、霞が関の中央官庁は悲惨な職場であると指摘されて久しい。かつてエリートの代表だったキャリア官僚の志願者が激減していることも同様だ。東大生の志望者が年々減少しており、このままではいつかゼロになるのではないかという危惧さえある。

不可思議なのはここからだ。

なぜ、ここまで悲惨な状況に陥っているにもかかわらず、抜本的な対策が打たれないのだろうか？

人口減少や少子高齢化と同じ理由だ。キャリア官僚の志願者が少なくなり、霞が関で働く官僚のモチベーションが低下したとしても、短期的には、国民には目立った痛みがないからだ。

その一方で、人口減少に関連づけて言えば、痛みを実感した時にはすでに手遅れで何ともしようがない。

おそらく、これから10年もすれば、今以上に介護難民が激増するだろうし、運転手不足でタクシーやバスがなくなる中、都心部から離れて暮らす多くの高齢者が買い物難民になる可能性が高い。その時になって、介護保険料を少しくらいなら上げてもよいと言ったところで、すべては後の祭りだ。

それでは改めて、霞が関や官僚の機能不全とはどういう要素で成り立っていて、国民はどういう形でその影響を実感するのだろうか？

霞が関の機能不全を導くのは、大まかに次の四つの要素だ。

まず、現職官僚のモチベーションがガタ落ちであること。かつてのような世間からの敬意もなければ、出世スピードもエリートと称するにはほど遠く本省課長にさえ栄達できない。その一方で、仕事が激増するばかり。部下は増えない。酷使されるだけの存在に成り果てた官僚には働くモチベーションがない。それは何より若手官僚の離職率の高さに表れている。

二つ目は、労働条件が過酷すぎて、優秀な頭脳を生かし切れていないことだ。官僚の最も重要な役割は政策の企画立案だが、相変わらず、国会答弁の作成や調整業務に追われていて、知的業務に割く時間がない。

その一方で、官僚の能力が劣化している可能性も捨てきれない。まず、DX（デジタルトランスフォーメーション）だ。デジタル庁の職員の多くが民間からの出向であることからわかるように、霞が関の生え抜き官僚にはDXを進める能力はない。東京五輪やコロナ禍で行われた事業では電通などの民間企業に多くの業務が委託されただけでなく、そこでさまざまな不祥事が発覚したが、これも霞が関が自ら巨大イベントを仕切りきれないことを露わにしている。

歪んだ官邸主導の弊害が三つ目だ。官邸主導自体は求められることだが、安倍政権で問題となったように、首相の取り巻きである官邸官僚からインフォーマルに指示が出るなど混乱も多かった。何より人事権を握られた官僚は萎縮した挙げ句に、やる気を失っていった。

最後は、優秀な若手官僚が入ってこないことだ。東大生が減少するから官僚の質が下がるというのは短絡的であるとは思うが、志願者数が減少すると人材の質が低下するのは事実でもあるだろう。

＊

それでは霞が関が機能不全に陥った時、国民生活にどういう影響が及ぶのだろうか。おそらく、多くの国民は政治がカネの問題で空転に空転を重ねても日本という国が動いているように、官僚がモチベーションをなくして、すり切れた状態になったところで、大きな影響など及ぶものかと高をくくっている。

1990年代半ばくらいまでなら、政治や官僚がどれだけ機能不全に陥っていても、経済が自動的に成長していて国民生活には何ら影響がなかったが、今の時代は果たしてそれですむだろうか？　ここでは三つの事例をあげてみる。

まず、官僚が疲れ果て誤字脱字などの些細なミスを連発する、そんな事例からいこう。たかが誤字脱字じゃないかというが、国民に義務を課す法案のミスなら国民生活に大きな影響が及ぶ。例えば、鳥インフルエンザが近い将来猛威をふるったとしよう。強毒性で言えばコロナの比ではないことを考えると、マスク着用を「義務化」すべきだという結論になったものの、仕事で疲れ果てていた現場の官僚が「努力義務化」と間違って法案に書き込んだ挙げ句、愚鈍な国会議員がチェックしないままに、この法案が成立するとどうなるのか？「義務」と「努力義務」ではたった二文字の違いだが、中身は雲泥の違い。そこらじゅうでマスクをしない人間が続出で、あっという間に感染症が広がっていくが、法案を修正するためには次の国会を待たねばならない……。

次に予算はどうだろうか。マスコミではしばしば政権与党の不祥事を追及する野党が予算案を人質にして、国会審議を妨害しているように報道される。多くの国民は政治空白や不安定は困るとは思いながらも、実際に、予算案が成立しなくても、自分の生活には何の影響もないと思っているが、そう言い切れるだろうか。

今現在のガソリンや電気の補助金がなくなると、生活は大きく変わることになる。自力がなくなってくると政府のお金への依存度が高まるのは必然だ。年金制度など典型かもしれない。近い将来、政府は必ず支給開始年齢を引き上げようとするが、この影響は計り知れない。

予算と法案の機能不全の源となるのが国会の空転だ。与野党の対立に加えて、やる気のない〝ロボット官僚〟が増える一方で、政治家志望で権力志向の官邸官僚が霞が関に蔓延《はびこ》るようになれば、あちらこちらで政敵のリークや機密漏洩が起こって、国会は権力闘争の場となり果ててしまう。中国の王朝末期のような混沌とした状況に陥った時に、台湾有事や尖閣有事が起きたとしたら、一体どうなってしまうのだろうか……。

最後に、官僚が激減して事務能力、交渉能力、調整能力が地に落ちた場合、誰が実務を担うのだろうか？　その答えは、国会議員と言わざるをえない。実際、民主党政権の時には国会議員が自らすべての仕事をこなそうとした。その結果、何が起きたかはご承知の通り、混乱を極めた。世の中で自分が一番エライと思っていて、他人と和して自分を殺すことが苦手な人間が仕事を進めるとどうなるのだろうか？

最悪なのは、霞が関が崩壊するのを食い止めるべき国会議員にその自覚がまったくないことだ。受験秀才の官僚は言われたことを素直に聞く羊だと思っている。自分たちにはパワハラが適用されないこともあって、恫喝すれば言いなりになると思っており、官僚が激減する未来に対する危機意識はゼロに近い。

国会議員だけではない。究極的には国民こそが官僚の主人ということを考えると、国民にもそんな自覚があるとは思えない。

岸田内閣になってからしきりと「人的資本」という言葉が叫ばれるようになった。富を生み出すのは優秀な人材であることから、人的資本こそが経済の鍵を握るという理屈だが、翻って、日本全体にそんな意識が根付いているだろうか？

改めて、官僚制はなぜここまで崩壊してしまったのだろうか。すべての始まりは90年代半ばから吹き荒れるようになった行政改革の嵐だった。本書はそこから物語をひもといていこうと思う。

２０２４年３月

中野雅至

目次

図表作成／明昌堂
本文ＤＴＰ／今井明子

没落官僚

国家公務員志願者がゼロになる日

第一章　霞が関を焦土に変えた行政改革

東大生が霞が関から消えるXデー

2024年現在、官僚人気は風前の灯火。東大生の霞が関離れが顕著になっている。その一方で、これまでキャリア官僚とは縁遠かった私立大学出身者が増えている。筆者は、「MARCHなどの私立大学出身者が増えている傾向をどう思うか」とマスコミから取材を受けたことがある。おそらく、記者の意図は、東大生＝官僚の構図が崩れれば、それはエリートではなくなるのではないか……と筆者に言わせたかったのだろう。

実は、筆者は同志社大学出身の元キャリア官僚である。1990年に旧労働省に入省した。当時は、財務、経産、外務の御三家と呼ばれるような人気官庁に比べて、不人気極まりない旧労働省でさえ、同志社大学出身者は筆者以外にはいなかった。基本的には東京大学出身者の世界であって、「奈良県出身です」というと、「東大寺学園ですか?」と聞かれたものだった。官僚の世界では出身中高を尋ねるのがスタンダードなのだった。

そういう図式から言えば、東大出身者が減っているということは、もはやキャリア官僚はエリートではないと言えるのかもしれないが、東大生でも非東大生でも、一定の競争率が担保されていれば（試験の中身そのものの難易度は変わらないという前提で）、優秀性は変わらな

図表1−1　国家公務員試験（国家公務員Ⅰ種及び総合職試験）受験者数の推移

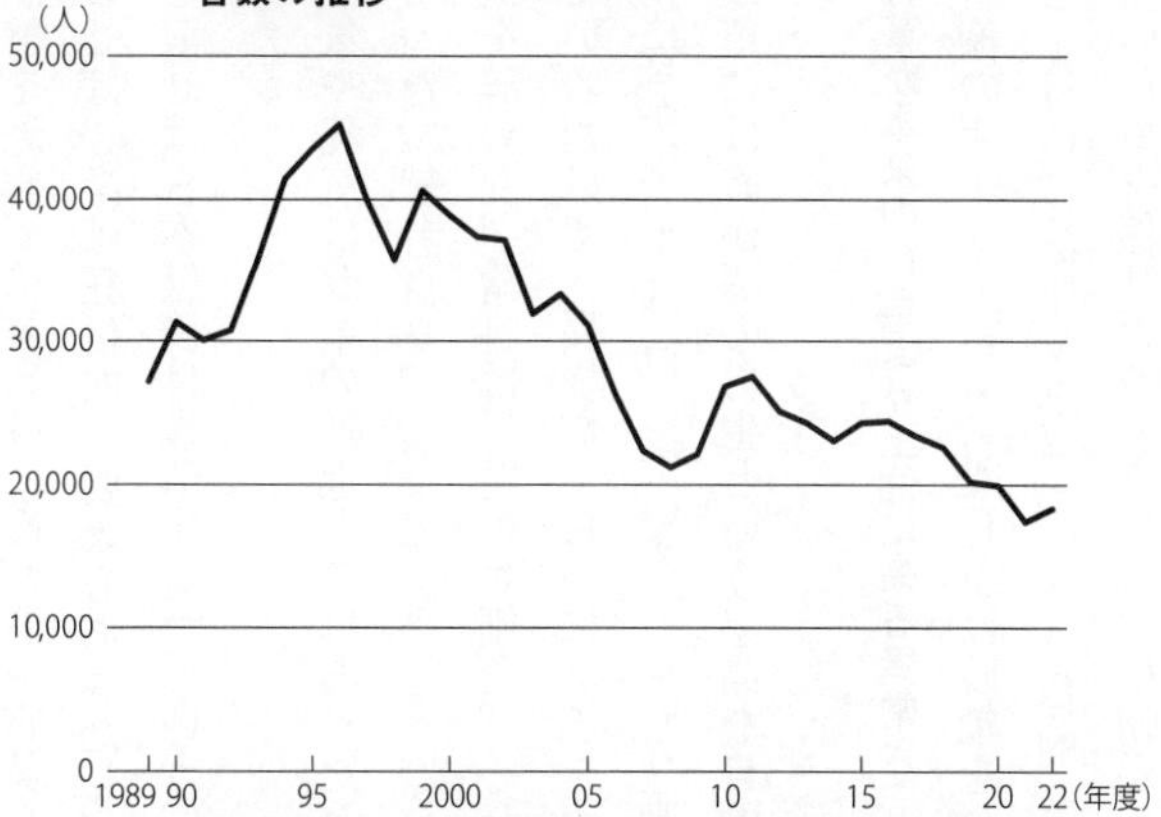

注）2011 年度までは国家公務員Ⅰ種試験、2012 年度以降は国家公務員総合職試験（大卒程度と院卒程度を足し合わせた数）の受験者数を表示している

いはずだ。この点を検証してみよう。図表1−1を見てもらえれば明らかなように東大生か非東大生かにかかわらず、官僚志願者は激減している。人口減少のスピードをはるかに上回っており、もはや、東大生が集まらなくなったかどうかを議論するレベルではなくなっていることがわかるだろう。

それでは、官僚の不人気を作り出したものは何か？

その一つの要因は、間違いなく、90年代半ばから始まった一連の行革である。今から30年近く前に進められた行政改革は、肥大化した組織をスリムにしようとか、増えすぎた公務員を減らそうといった単純なものではなかった。

誤解を恐れずに言えば、霞が関や官僚を徹底的に変えようとするものだった。今から思い起こせば、半ば狂信的な要素もあったし、当時は「霞が関を変えれば日本は変わる」「財務省を潰せば日本経済は復活する」という、今の日本には存在しない妙な熱気が世間を徘徊していた。

熱気や狂気は改革の推進力ではあったが、それが公務員バッシングにつながったことも事実だった。筆者自身、「税金で食っている」という批判には辟易して、結局、それも一因で官僚を辞めた。給料は労働の対価だ。それにもかかわらず、日本ではとにかく税金が投入されているだけで、異様なくらいにケチをつけられる。これはおそらく「税はとられるもの」「悪代官が税金を搾取している」という価値観が抜けきらないからだが、いずれにしろ、行政改革には霞が関の再生という崇高な目的と、熱気と狂気が混在して混沌としていた。

行革が本来の仕事より上位に来る異常さ

官僚のオーソドックスな仕事は政策を企画立案し、それを実現するために政界や業界に根回しを行い、法律や予算という具体的な形に仕上げて、それを実行に移すことだ。実際、日々の仕事を振り返ってみても、早朝から無数のメールをチェックしつつも、さまざまな資料を読み込んで政策を考え、上司や部下と話し合い、政治家や業界関係者のもとへと説明に赴き、破壊するくらいの勢いでキーボードを叩いて資料を作り、深夜に及ぶ国会答弁作成作業をこなすといったように、日々の仕事はすべて政策に絡んでいた。睡眠時間を削る辛さはあるものの、仕事は「自分が好きな政策」に関連している。それゆえに辛さだけでなく、楽しみもあった。

もちろん、官僚の仕事は徹夜が多いというまっすぐなブラックさだけでなく、どう考えても自分より劣っている政治家に理由もなく怒鳴られたりするなど、理不尽な要素も多分にあった。が、それでも、自分たちで主体的に政策を作っているという気持ちがある間は、愚鈍な政治家へのゴマすりにも、どこかに冷静さが伴っていた。

そんな仕事の中身がくるっと変わったのが1990年代後半以降だった。政策よりも行革の仕事が増えたのだ。筆者自身に関して言えば、よく覚えているのは、厚生労働省（厚労省）関連の公益法人を調べるという仕事がそうだった。社団法人と財団法人を併せて公益法人というが、当時は所管官庁制度で、厚労省には関連の公益法人があった。

調査の狙いは単純だ。こういう公益法人に補助金を垂れ流していないか、役人が天下りしていないか、政官業癒着の温床になっていないかを疑ったということだ。いざ調べ出してみると、これがパンドラの箱だった。

天下りや癒着の温床ということだけではない。あまりにも数が多かったのだ。その中には休眠法人も多かったし、胡散臭いものもあった。そもそも、財団法人などは莫大な基本財産を運用して成り立つものだが、それが微々たる財団もかなりあった。

「へー」「この法人って何をやってるんだろ」とか独り言《ご》ちながら、ぼやっと灯る深夜の電灯の下、公益法人についてのさまざまなデータを集めていた。いや、集めさせられていた。当時はまだまだ「天下り」の全盛時代ではあった。冷や汗を流していた幹部もいたのかもしれないが、老後などまったく想像もつかない若手官僚にとっては、幽霊法人の実態を調査するのは苦痛以外の何物でもなかった。

市民、国民は神様か?

これまでにも数多くの行革が行われてきた。戦後に実施された本格的なものを辿ると、まず１９６１年の第一次臨時行政調査会（第一臨調）に始まり、81年に設置された第二臨調では「増税なき財政再建」をスローガンにして、三公社（日本国有鉄道、日本電信電話公社、日本専売公社）の民営化を行った。この改革で、ＪＲ、ＮＴＴ、ＪＴが誕生した。半世紀近く前の政策だが、この三社が日本経済に占める比重を考えると成功だったと言える。

その一方で、日本はバブル期の絶頂期を迎えるまで順調な経済成長を重ねたこともあって、官僚機構に批判的な目が向けられることはなかった。そんなこともあって中央官庁や公務員数などは総定員法の縛りなどもあって、露骨に肥大化しないものの、特殊法人や公益法人は激増した。

今から思い起こすと、90年代までの行革はオーソドックスなものばかりだったが、そんな実態は行革の概念にも反映されていた。総務省の現役官僚が著者として名を連ねる田中一昭編著『行政改革』によると、成熟社会になる前の行革の理念は「総合性の確保された体系的で連携のとれた行政」「変化への対応がとれた的確な行政」「効率性、簡素性の追求が図られた無駄の無い行政」「信頼性の確保された国民全体の奉仕者としての行政」という四つだった。だが、成熟社会になるにしたがって、「行政の守備範囲論」という考え方が出てきたという。

実際、90年代中盤以降になると、この「行政の守備範囲論」は大きな影響を及ぼすようになる。行政の経済への関わり方、社会保障など国民負担のあり方、行政が関与することによる経済や社会の活力の低下などが大きな論点になり出したのだ。

象徴的なスローガンとしては、「自助努力」「官から民」「国から地方へ」などがあげられる。未だにこれらの言葉は国民や社会に深く根付いていて、コロナ禍でも、どこまで政府が飲食店や個々人の生活をサポートすべきなのかで自助努力という言葉が飛び交ったし、生活保護に陥る人を巡っても、「自助努力が足りない」「いや、政府がもっと保護すべきだ」という論争がネットを騒がせる。

行政の守備範囲論に拍車をかけたのが、NPM（New Public Management）論である。これは行政関係者なら耳にしたことがあると思うが、80年代以降、英国、ニュージーランド、オーストラリアなどアングロサクソン諸国を中心に勃興したものだ。NPMの哲学を簡潔にまとめると、民間企業の考え方や行動原理を行政にも適用していくという手法だ。

なぜ、こんな考え方が出てきたのか？　日本は2度の石油危機があった70年代を乗り越え、80年代にバブル経済を迎えて絶頂期をひた走ったが、欧州諸国は70年代に不況に陥ってから、経済成長が鈍化する一方で、高齢化に伴い社会保障費が増大した。こうなってくると、どの予算を削るかで軋轢《あつれき》が生じる。その結果、「まずは、非効率な役所を改革すべきだ」「公務員は給料泥棒だ」という声が強くなる。

必然的に、できるだけ役所の守備範囲を少なくしよう。民間でできるものは民間でやろう。

公務員は徹底的に減らそう。役所に残る仕事についても効率性を厳しく追及しようとなってくる。

ＮＰＭを支えた哲学を列挙しておくと、①市場メカニズムの徹底的な活用、②業績や成果中心主義、③行政をサービス業とみなす顧客主義、④組織構造などヒエラルキーの簡素化の四つである。

例えば、市民を顧客とみなす考え方にもとづいた典型的な施策が、69年に千葉県松戸市で誕生した「すぐやる課」だ。当時の松戸市は、高度経済成長下、東京のベッドタウンとして発展しており、毎年2万人のペースで人口が増加していた。市は道路・下水道・学校などのインフラ整備を急ピッチで進める一方で、「U字溝の破損補修」「側溝の詰まり解消」「道路上の動物の死体処理」など、市民の身近な問題についてすぐに対応できず、いわゆるお役所仕事というイメージが根付いた。そこで、たらい回しを排除して迅速な解決を図るため、当時の松本清市長（ドラッグストア：マツモトキヨシ創業者）発案のもと、「すぐやる課」が誕生したという（以上、同市ウェブサイトより）。

誕生秘話自体は美しいが、市民を顧客と見なして何でも請け負う姿勢が弊害を生み出したことも事実だ。市民のすべてが清廉潔白ではない。何でも市役所がすぐにやってくれるとなると、無茶な仕事を振ってくる人もいる。そもそも、側溝の詰まり解消は市役所の仕事なのだろうか？

いずれにしろ、90年代の行革の嵐の中では、今のようにカスタマーハラスメントなどと言い出す余地は皆無だった。「お客様は神様です」という風潮が金科玉条となり、公務員はとにかくサービス意識が足りないという批判が蔓延していた。

大坂夏の陣の如く、外堀から埋められた行革

それでは改めて、90年代半ば以降の行革は具体的にどういうものだったのか？ それは、公務員の数を減らすとか、組織を改編するとか、そんな手ぬるいものではなかった。日々働いていて嫌気がさすくらいに、あれもこれもと改革の手が及んだ。

まず当時は、誰が行政改革を主導するかでマスコミは大騒ぎしていた。官僚が改革の主導権を握ろうとすると、政治家と一緒になって「まな板の鯉に包丁を握らせるな」と大合唱が起こったものだった。今でも企業や大学や芸能事務所が不祥事を起こす度に、外部の人間が主導して改革すべきだと大騒ぎになるが、当時は、そういう批判のターゲットは役所と官僚だったと言えるだろう。

改革の目的は中央官庁の縮小だけでなく、その権限の剝奪でもあったが、まず最初に狙われたのは役所本体ではなく、特殊法人や公益法人といった外郭団体（特殊法人、認可法人、独立行政法人、公益法人などの役所に近い組織の総称みたいなもの）の整理統合だった。代表的な例をあげると、２０００年に策定された「行政改革大綱」では特殊法人改革が大きな柱として位置づけられた。それだけではない。翌01年に「特殊法人等改革基本法」が成立し、同法に基づいて内閣に特殊法人等改革推進本部まで設置されるようになった。

効果は絶大だった。特殊法人は05年には37法人に減少した。ここに当時問題となっていた認可法人などを加えたとしても、その数は微々たるものになった。記憶に残るところで有名なのは、小泉内閣で行われた道路公団の改革が挙げられる。公共事業の中でも、道路は政治家や業界団体などが複雑に絡んだ分野だ。あちらこちらに迫力満点のドンがいた。それだけに、さまざまな軋轢が発生した。結局、道路公団民営化推進委員会の下で激しい議論が行われた末、04年に「道路関係四公団民営化関係四法案」が成立し、日本道路公団、首都高速道路公団などは民営化された。

この他にも、特殊法人や認可法人を削減して独立行政法人に衣替えさせたり、公益法人制度を抜本的に改革したりして、役所の外堀とも言うべき外郭団体を徹底的に潰した。理由ははっきりしている。これらの外郭団体が利権の温床とされたからだ。元官僚の筆者としては「利権の温床」との決めつけには反論したくなるものの、少なくとも、天下り先であったことは事実だ。それゆえに、重要性がなくなってもスクラップできない組織にメスが入ったことは間違いない。その一方で天下りなど遠すぎる将来に興味のない若手官僚にとって、外郭団体の改革に関わる膨大な仕事の数々は、長時間労働を生み出すだけのただただ迷惑なものだった。

タクシー料金の激安化を生み出した徹底的な規制緩和

役所の外堀を埋めていくという点で言えば、一気に進んだ規制緩和もそうだ。経済を活性化するのが最大の目的ではあるが、１９９０年代半ば以降の規制緩和は、中央官庁の民間企業に対する影響力を削ぐのも主な狙いだった。

監視機関である規制緩和委員会などが作られ、連日連夜報道されるようになった。有名なのは、株式売買手数料の自由化などの金融緩和、タクシーなど運輸規制の緩和などである。当時は内閣府などを中心に、規制緩和を冠にした仰々しい組織が作られ、役所から権限が続々とひきはがされていった。

ぶっちゃけた本音ベースで言えば、役所が民間企業に対してなぜ威張っていられるのかと言えば、予算を垂れ流すというよりも、むしろ法律に裏打ちされた許認可権を持っているからだ。横柄な態度をとる民間企業には、許認可をおろさなければいい。それはビジネスができなくなるという死活問題につながる。許認可という伝家の宝刀は、「給料は安くても、自分たちの方が偉い」という歪《いびつ》な感情を生み出していたわけだ。

ただ、役所ばかりが許認可にこだわったわけではなかった。規制に守られる業界自身もまた、許認可を求めたのだ。規制に守られれば楽な商売ができる。役所以上に、業界自身の利益も大きかったというわけだ。

規制には二種類ある。経済的規制と社会的規制だ。前者は企業を守る規制。資本主義に反するような気もするが、企業を守ることを通じて国民を守り、社会の秩序を維持するというのが基本的な考え方だ。典型的には過当競争が挙げられる。多くの企業が競争すれば、良い商品やサービスが生み出されるかもしれないが、競争が激しくなって共倒れになるかもしれない。そうなると、企業経営者だけでなく、そこで働く従業員もクビになる。そうなるくらいなら、最初から過当競争で共倒れしないように企業を保護しよう。

典型例が「大規模小売店舗法」だった。かつてはイオンモールや有名百貨店などの大規模小売店は簡単に出店できなかった。地元の同意が必要とされるなど、事実上、出店できないような規制があった。それによって守られたのは誰かと言えば、地元の商店街だ。

商店街に昭和のノスタルジーを感じるとしたら、それは令和という時代がなせる業。当時は、ダラダラ仕事をしていて、サービス精神の欠片もないような商店街に対する風当たりは強かった。共働き世帯が増える中で、商店街に買物を依存するのは不便この上ない。しかも値段は安くない。そんな消費者の不満や国際的な圧力などもあって、大規模小売店舗法は廃止になった。

タクシーの料金設定の自由化についても同様だ。安全面の理由もあってバスやトラック、タクシーといった運輸業界は何かと規制が多かったが、経済的規制は緩和するという流れの中で、料金設定などの自由化が進んだ。本書刊行のおよそ1年前まで、大阪ではタクシー会社の多くが、5000円を超えるとそこから先のタクシー料金が半額だった。例えば、大阪から神戸までの料金が1万2500円だったとする。この場合、5000円を超える7500円は半額料金が適用されるので、料金は5000円+3750円=8750円となる。

当時の規制緩和はこれだけで終わらなかった。社会的規制にも踏み込んだからだ。社会的規制とは企業を守るのではなく、人の生命や安全を守るための規制だ。労働基準法とか食品衛生法とかを想像するとわかりやすい。労働時間を規制することで労働者の健康を守るということだ。

公的関与の強い医療、福祉、教育などの分野でも民間企業が参入できるようになったというのが、わかりやすい事例だろう。代表的なものとしてはＰＦＩ（Private Finance Initiative）がある。公共施設の建設や維持管理などを民間の資金や技術を使って行う経営手法で、公立病院の維持管理を民間企業が請け負うという事例、寂れていた公園が民間の力で蘇るといった事例がわかりやすい。

これまでの行革の流れからわかるように、民間企業の自由な活動を促進する規制緩和は徹底的に進んでいる。未だに政治や役所絡みの不祥事がある度に、役所の規制が強いからだと批判する評論家がいるが、正直、郵政事業でさえ民営化されている日本は民営化大国であり、規制はむしろ少ない方だと思う。

本丸の省庁再編と内閣人事局

こうやって外堀が埋められたあと、中央省庁が再編された。関連法が成立したのが１９９８年のことである。これによって局の数が１２８から96へ、課の数が１１７０から１０００

へと減少した。これも組織を変えただけだろうという見方をする人がいるが、当事者にとっては厳しいものだった。ポストが減るからだ。労働省と厚生省が別々に存在していれば、大臣官房人事課長は2人だが、統合して厚労省になれば、大臣官房人事課長は1人になる。もちろん、大臣官房人事課長など主要課長の場合には、それに値するようなポストが作られ、二つの役所の面子が立つようにしたものの、ポストがなくなることは事実だ。

役人ほど人事とポストにこだわる人間はいない。世間一般の相場からみれば官僚の給料は高いとはいえ、外資や一流企業の水準ではない。天下りがあるから続けるんだという人がいるが、天下りを意識するのは退職間際にすぎない。

それでは、官僚の魅力はどこにあるのか？　本音は社会的地位の高さだ。社会的地位が高い集団の中で出世することに意味を見出しているのだ。役人が人事に異様な興味を示すのは受験競争の勝者であり続けたいという単なる出世欲もあるが、社会的地位を何よりも重視しているという要素が大きい。だからこそ、ポストの削減は世間が思っている以上にダメージが大きい。

中央省庁の再編以外にも、99年1月には自自連立政権が誕生し、国家公務員の25％削減で合意するとともに、同年3月には自自両党が国会の政府委員制度の廃止と、副大臣・大臣政務官制度の導入で合意した。

ここに付け加わるのが公務員制度改革の流れである。一連の流れは一冊の本になるくらいに充実している。有り体に言えば、改革に次ぐ改革である。今から思い起こすと、たしかに90年代は官僚の不祥事が続発して、ついには国家公務員倫理法が成立するに至った。とはいえ、公務員制度改革の一連の流れを改めて振り返ると、いかに国家公務員（特にキャリア官僚）が改革の標的にされていたかがわかる。

２０００年に閣議決定された「行政改革大綱」では、公務員制度改革の方針として信賞必罰の人事や再就職に関する規制が示され、行革を実現するための組織として行政改革推進本部が設置された。その後、公務員制度改革を巡ってはマスコミを賑わせるくらいに、さまざまな軋轢が政府内外で起こったが、改革の動きはとまらなかった。

07年の第一次安倍政権では、国家公務員法の改正案が成立し、天下りが禁止されるようになった。政府は「天下りなど存在しない」と頑なにその存在を否定してきたが、そんな言い訳は雲散霧消した。具体的に言えば、各省による再就職の斡旋《あっせん》が禁止されるようになったのだ。

続く福田内閣では08年に「国家公務員制度改革基本法」が成立した。この時、内閣主導体制（同様の言葉として「政治主導」「官邸主導」がある。本書では文脈のニュアンスに応じてこの三つの用語を使い分けるが、基本的な意味は同様である）を実行に移すためのさまざまな仕掛けが成立した。具体的には、内閣人事局を創設し、各省幹部職員の人事を一元化することが決まったのである。

なお、筆者は公務員制度の有識者としてこの二つの内閣の改革に関わった。第一次安倍政権では、官房長官主催で開催されていた「官民人材交流センターの制度設計に関する懇談会」の委員として、福田政権では官邸主導体制の枠組みを考える「国家公務員制度改革推進本部顧問会議」のワーキンググループのメンバーだった。

民主党政権になってからも公務員制度改革は続いた。政治主導をめざした政権だっただけに、官僚に対する風当たりは改革というよりイジメだった。「事業仕分け」では、権力の象徴と思われていた官僚が政治家やマスコミに徹底的に叩かれるという姿が連日連夜、ブラウン管を通じて流された。事態がここまで進んでようやく、官僚に対する反発が薄れ、公務員制度を中心とした行政改革も次第に大きな話題にならなくなった。

その後、民主党政権の後に出現した第二次安倍政権は、公務員制度改革を通じて出来上がった仕掛けを存分に利用した。その典型が内閣人事局である。かつては官僚が抵抗して改革ができないとマスコミも政治家も大騒ぎしたが、もはや、人事を完全に握られた官僚には抵抗する気概も気力もなかった。それどころか、第二次安倍政権では官僚人事の歪み、忖度《そんたく》が大きな話題になるほどだった。そういう姿をみて初めて、世間やマスコミは「官僚は可哀想」「官僚はやる気を失う」とか言い出すようになったのだ。もっともひどいのはマスコミで、それまで官僚を目の敵にしていたのに、一八〇度論調を変えて官僚の人事の自立性などにまで言及する機会が増えるようになった。

筆者自身は公務員制度改革に賛成の立場であり、かつてのような官僚のあり方が正しいとは思えないが、行革の歴史を振り返れば振り返るほど、マスコミのマッチポンプぶりや世間の豹変ぶりには呆れかえるというのも本音である。

財務省陰謀論の発端は行革会議の最終報告

簡単に行革の流れを振り返ったが、ウクライナ・ロシア戦争や中国の海洋進出、北朝鮮のミサイル発射など外交に関心が集まる今日の情勢を鑑みると、なぜ当時、かくも内政中の内政とも言うべき中央官庁や官僚のあり方に関心が集まったのかは不思議だ。

実際、六大改革を掲げた橋本総理の下で行われた１９９６年の総選挙では、中央省庁再編を中心とした行政改革が主な選挙の争点となったほどだった。中央官庁や公務員制度のあり方は複雑で、一般国民が関心を持つような分野ではない。また、公務員の給料は税金から支払われている。それゆえ公務員の存在が国民生活に直接的な影響を及ぼすとはいっても、日本の公務員数は総定員法で厳格に管理されているし、国際比較でも少ないことは自明であり、実際のところ、公務員の給与が国民生活を圧迫することはあり得ない。

それにもかかわらず、ここまで行革に国民が熱狂したのはなぜか。どんな改革もそうだが背後にあるのは理性ではない。常に不気味に寄り添うのは感情だ。

まず何よりもバブル経済がはじけた90年代半ば以降、長期不況に陥ったことは大きい。景気が良ければ誰もイライラしない。実際、景気が良かった頃、世間は天下りにさえ寛容で、官僚という優秀な頭脳の活用に対して好意的だった。

格差社会が進んだことも大きな要因だ。日本は累進課税制度などで社会主義国より平等と言われたが、不況に突入すると、資産を持つ者と持たざる者といった従来型の不平等だけでなく、失業率が5%を越え過去最高を記録したり、派遣労働などの非正規労働者が大量に生み出されたりするなどの結果、正社員と非正社員の格差が拡大することになった。

公務員は決して富裕層ではないが、リスクを背負って大金を儲ける起業家と比べると、リスクゼロで身分保障があるどころか、世間に隠れた特権を享受している。この時期、テレビと週刊誌はこれでもかというくらいに、公務員の特権を取り上げてはバッシングしまくった（詳しい経緯については拙著〔２０１３〕を参照）。

しかも、国民に塗炭の苦しみを味わわせる長期不況を生み出した責任は、官僚を中心とした霞が関にあると見なされたことが、大きく影響した。戦後日本の奇跡的な経済成長を成し遂げたのは官僚主導体制であるという認識が浸透したことから、不況に陥ると反転して、この不況を作りだしたのは官僚であるという考え方が広がった。これを煽ったのがマスコミであり政治家だった。もちろん、官僚の不祥事が連発したことは事実ではあるが、後年振り返ると「失われた20（30）年」と言われるような長期不況の背後には、民間企業がグローバル化へ対応しきれなかったことなど複雑な要因があったと言える。それにもかかわらず、官僚が諸悪の根源だという考えが流布されたのだった。

当時も、そして今も、そんな単純なわけがないというのが冷静な判断だと思う。たしかに、優秀な官僚が考える政策が効果を挙げた例もあるだろう。だが、経済の中心は民間企業だ。民間企業の競争力が衰えれば経済は低迷する。そんな当たり前の考えは、狂騒の中でかき消されていった。

しかも、中央省庁の再編につながった行政改革会議の最終報告においては、政府自身も官僚や官僚が作った戦後システムが日本経済を機能不全に陥らせ、不況を導いたような認識をしていたが、それは致命的だった。

「……以上のような日本と世界の未来像を胸に抱き、われわれが生きるこの国と社会を少しでもその理想に近づけるように試みること、すなわち、「この国のかたち」を見つめ直し、その再構築を図ることが、今日最もわれわれに求められていることである。(中略)したがって、われわれが目指す行政改革は、断じて、行政改革のための行政改革、スリム化のためのスリム化、中央省庁の看板の掛け替えや霞が関のみを視野に置いた改革ではあってはならない。21世紀日本のあるべき国家・社会像を視野の中軸に据え、改革の具体像を描くこと、このことが時代がわれわれに求める使命であろう。……」

国民的作家の司馬遼太郎氏による「この国のかたち」という言葉を持ち出し、「この国のかたち」=「官僚主導体制・システム」であり、20世紀型の官僚主導システムとの決別が21世紀を創り出すといったニュアンスを強く出していた。きわめて文学的で情緒的な文書だった。

小泉政権で打ち出された「構造改革」も、発想はこれと同じだ。構造改革とは市場で邪魔になるものを取り除き、創造的破壊を促すことであり、構造改革なくして景気回復はないというのが基本方針だったが、市場の動きに対する邪魔者の代表と言えば、官僚が張り巡らせる規制だということになる。

ここから、未だに根強く残る都市伝説じみた考えが蔓延ることになる。

霞が関を変えれば日本が変わる、特に「霞が関で最強官庁である財務省を変えれば日本は変わる」という考えである。

未だに財務省が抵抗しているとか、支配しているとか堂々と述べる評論家がいることをみてもわかるように、これだけ長期不況が続いているにもかかわらず、陰謀史観とも言うべき財務省（旧大蔵省）中心史観は根強い。規制緩和が足りないというのも同様の類いだろう。

未だに経済成長を夢見る政治主導の行政システム

霞が関改革は明らかに経済成長と紐付けられていた。それはとりもなおさず、政策形成の主体を官僚から政治家に交代させるという改革でもあった。政治家なら斬新な政策を打ち出し、政策に優先順位をつけることができる。それによって日本経済は復活する、というロジックだ。

結論はどうだったか。今さら、ここで統計を示す必要などないだろう。世界に占める日本経済の比重は低下の一途を辿っている。首相を中心とした官邸に権限を集中させたが、一体、それが日本をどれだけ変えたのか。もちろん、開き直ることもできる。誰が、どれだけ効果的な政策を繰り出しても、経済成長に決定的な影響を与えることはできないんだと。

そうだとすれば、経済成長が鈍化したあとにさまざまな社会問題が訪れるであろうことを見据え、それらを主眼にした政治・行政システムをなぜ構築しようとしなかったのだろうか。1990年代半ば以降の行政改革は常に「経済成長よ、再び」という視点ばかりに拘泥し、経済成長がピークに達した後に訪れる、豊かな社会の問題についてはほとんど目をつむったのではないか、という批判である。

バブル経済が崩壊し、不良債権問題が長引き、やがて泥沼の長期不況に突入していくと同時に、行革を起爆剤にして難局を乗り越えようとした時、ピークを過ぎつつあるこの国にさまざまな社会問題が浮上する事態を予測できなかったというのだろうか？

否、十分できたはずだ。すでにヨーロッパでは格差社会をはじめとするさまざまな社会問題が噴出していた。反面教師として観察する時間はあったはずだし、国内でも噴出するさまざまな社会問題に日々直面していた。

その典型例が人口減少だ。90年、前年の合計特殊出生率が過去最低だった丙午《ひのえうま》の66年を下回ったと発表された時、マスコミは「1・57ショック」と大騒ぎしているし、政府が「少子化」という言葉を初めて使用したのは「平成四年度国民生活白書」の時点で、その背景や長期的な影響に懸念を示してもいる（河合　2015）。つまり、人口減少が社会に幅広い問題をもたらす可能性は予測されていたということである。それにもかかわらず、抜本的な少子化対策には依然として手がつけられていない。

不況がもたらすさまざまな社会問題はどうだろうか。少なくとも、長期不況から抜け出せない中で、正社員と非正社員などの大きな格差が露呈したにもかかわらず、対応は後手後手だった。政府自ら労働規制を緩和するなどして労働者派遣制度を広めていったのであれば、いつまでも正社員中心の終身雇用制度に固執するべきではなかっただろうに、雇用保険や年金制度などは正社員を前提としたもので、非正社員に対するセーフティネットを構築するのに大きな遅れをとった。

あえて言えば、これまで同様、経済が成長さえすれば、社会問題は消えていくという考え方は政府・国民を問わず、相変わらず根強かった。それを反映しているのが、内閣府の「国民生活に関する世論調査」で「政府に対して望むこと」として、常に景気対策が上位にあがることだ（図表1－2）。景気が回復すれば、社会問題の多くはやがて雲散霧消する。そんな楽観を政府も国民も信じ続けていると言えば、言い過ぎになるだろうか。実証しようがないが、未だに、実現しないトリクルダウンを待ち続けているという現実には重いものがある。

若干の事例をあげてみよう。着眼点は、不況と人口減少が重なる中で、家族の形が変化していることだ（ちなみに、この二つを重ね合わせると数多くの社会問題が浮上することは誰でも想像できる）。

高齢者単身世帯の増加、ジェンダー平等、女性活躍などの流れで、家族の形が変化しているが、政策は対応できているだろうか。日本でも孤独や孤立を担当する大臣が置かれたことはあったが、行政がそれを解決すべき重い問題とみて本腰を入れていると評価できるだろうか？

例えば、孤独や孤立を中心に国民の心への寄り添いが主な行政課題になる事態が予想できたのならば、単純に公務員を減らしてスリム化を図るということではなく、事務系の公務員は減らすが、カウンセリングを専門にする公務員を増やすなどの措置をとる準備も進められ

図表1－2　政府に対して望むこと（1位～3位）

	1位	2位	3位
1989年 5月	社会保障（38.0%）	税の問題（34.7%）	物価対策（28.3%）
1990年 5月	社会保障（39.4%）	税の問題（27.9%）	物価対策（21.4%）
1991年 5月	社会保障（39.5%）	税の問題（29.9%）	物価対策（23.0%）
1992年 5月	医療・福祉（61.0%）	高齢者・障害者（45.9%）	物価対策（42.4%）
1993年 5月	医療・福祉（61.1%）	高齢者・障害者（47.2%）	税の問題（44.7%）
1994年 5月	医療・福祉（59.9%）	**景気対策（55.0%）**	高齢者・障害者（47.1%）、物価対策（47.1%）
1995年 5月	医療・福祉（54.8%）	**景気対策（46.2%）**	高齢者・障害者（44.3%）
1996年 7月	医療・福祉（61.2%）	高齢者・障害者（52.0%）	税の問題（49.8%）
1997年 5月	医療・福祉（69.3%）	高齢者・障害者（54.1%）	税の問題（51.9%）
1998年12月	医療・福祉（65.1%）	**景気対策（60.7%）**	高齢者・障害者（54.4%）
2000年12月	**景気対策（63.1%）**	社会保障（50.4%）	雇用（47.3%）
2001年 9月	**景気対策（63.2%）**	社会保障（55.3%）	高齢社会対策（42.8%）
2002年 6月	**景気対策（65.2%）**	社会保障（57.7%）	高齢社会対策（44.6%）
2003年 6月	**景気対策（67.4%）**	社会保障（61.9%）	高齢社会対策（51.4%）
2004年 6月	社会保障（67.7%）	**景気対策（58.6%）**	高齢社会対策（49.8%）
2005年 6月	社会保障（61.3%）	**景気対策（53.5%）**	高齢社会対策（45.5%）
2006年10月	社会保障（72.7%）	高齢社会対策（54.5%）	**景気対策（50.0%）**
2007年 7月	社会保障（72.4%）	高齢社会対策（55.8%）	**景気対策（49.6%）**
2008年 6月	社会保障（72.8%）	高齢社会対策（57.2%）	物価対策（56.7%）
2009年 6月	社会保障（70.8%）	**景気対策（62.5%）**	高齢社会対策（58.1%）
2010年 6月	社会保障（69.6%）	**景気対策（69.3%）**	高齢社会対策（56.5%）
2011年10月	社会保障（67.1%）	**景気対策（66.3%）**	高齢社会対策（52.4%）
2012年 6月	**景気対策（66.5%）**	社会保障（66.1%）	高齢社会対策（51.2%）
2013年 6月	社会保障（65.9%）	**景気対策（59.6%）**	高齢社会対策（49.9%）
2014年 6月	社会保障（68.6%）	**景気対策（58.7%）**	高齢社会対策（54.9%）
2015年 6月	社会保障（67.2%）	**景気対策（56.9%）**	高齢社会対策（52.0%）
2016年 6月	社会保障（64.4%）	**景気対策（56.2%）**	高齢社会対策（51.9%）
2017年 6月	社会保障（65.1%）	**景気対策（51.1%）**	高齢社会対策（51.1%）
2018年 6月	社会保障（64.6%）	高齢社会対策（52.4%）	**景気対策（50.6%）**
2019年 6月	社会保障（66.7%）	**景気対策（52.5%）**	高齢社会対策（50.7%）
2021年 9月	社会保障（67.4%）	**感染症対応（65.8%）**	**景気対策（55.5%）**
2022年10月	社会保障（64.5%）	物価対策（64.4%）	**景気対策（62.6%）**
2023年11月	物価対策（68.1%）	**景気対策（64.4%）**	社会保障（62.8%）

出所）内閣府「国民生活に関する世論調査」（各年版）に基づき、筆者作成
注1）2000年のみ「社会意識に関する世論調査」、また2020年の調査については、コロナ禍であり調査が延期されて後、最終的に中止になっている
注2）原表記は下記の通り
社会保障：社会保障・社会福祉の充実（1989年～）、医療・年金等の社会保障構造改革（2000年～）、医療・年金等の社会保障の整備（2010年～）
医療・福祉：医療・福祉・年金の充実
高齢者・障害者：高齢者・障害者介護など福祉の充実
雇用：雇用・労働問題（2000年～）、雇用への対応（2009年～）
感染症対応：新型コロナウイルス感染症への対応

図表1－3　失業率が与える影響

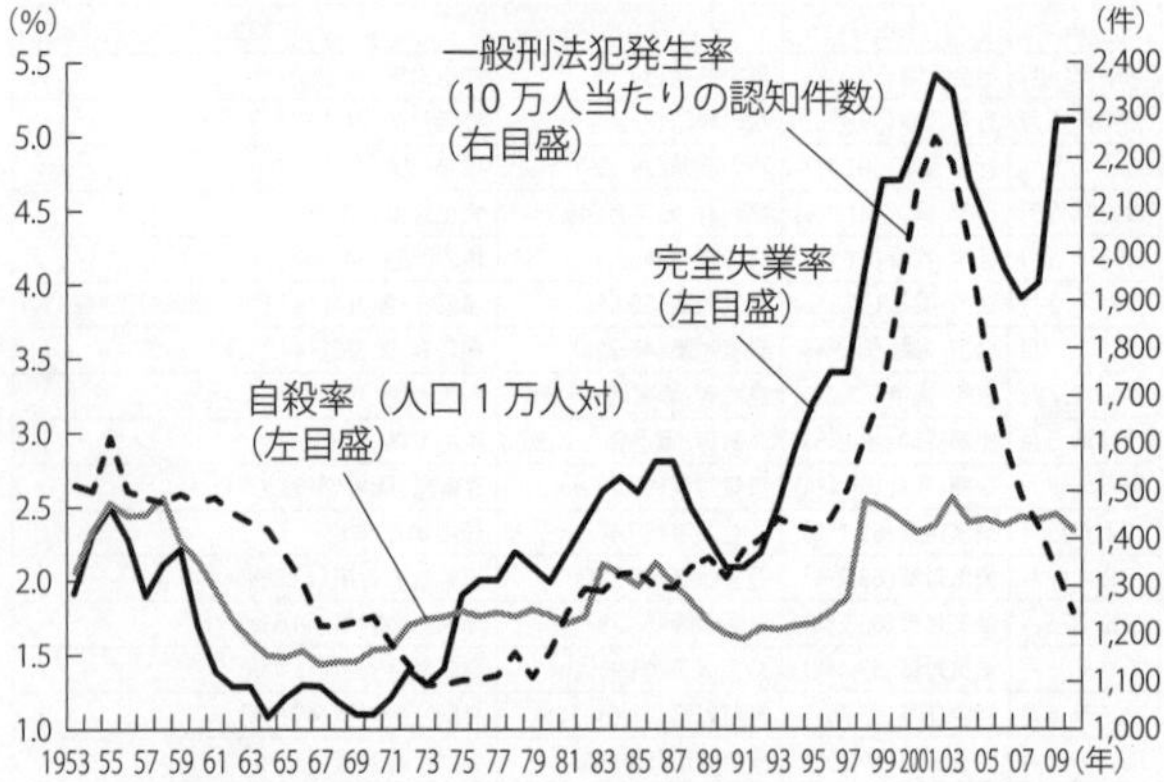

出所）厚生労働省「労働経済白書」（2012年）より転載。元データは総務省統計局「労働力調査」、厚生労働省「人口動態統計」、法務省「犯罪白書」をもとに厚生労働省労働政策担当参事官室にて作成

たはずだったが、それを大々的に実行に移している気配など未だにない。

児童虐待問題もそうだ。家族の形が変わる中で、不況が重なったという影響は大きいだろう。図表1－3をみてほしい。コロナ禍で、緊急事態宣言を発出して外出を規制すべきだという方針に反対する人の一部は、経済を機能不全に陥らせることで失う命も多くあると主張したが、それを補強する統計だ。簡単に説明すると、失業率が上がると、自殺率や犯罪発生率など負の要素が大きな影響を受けるということだ。児童虐待の背後にはさまざまな問題があるだろうが、失われた30年が大きな影響を与えているのは間違いないだろう。

そうであれば、虐待の現場を担う児童相談所

図表1−4　児童虐待件数と児童福祉司数の推移

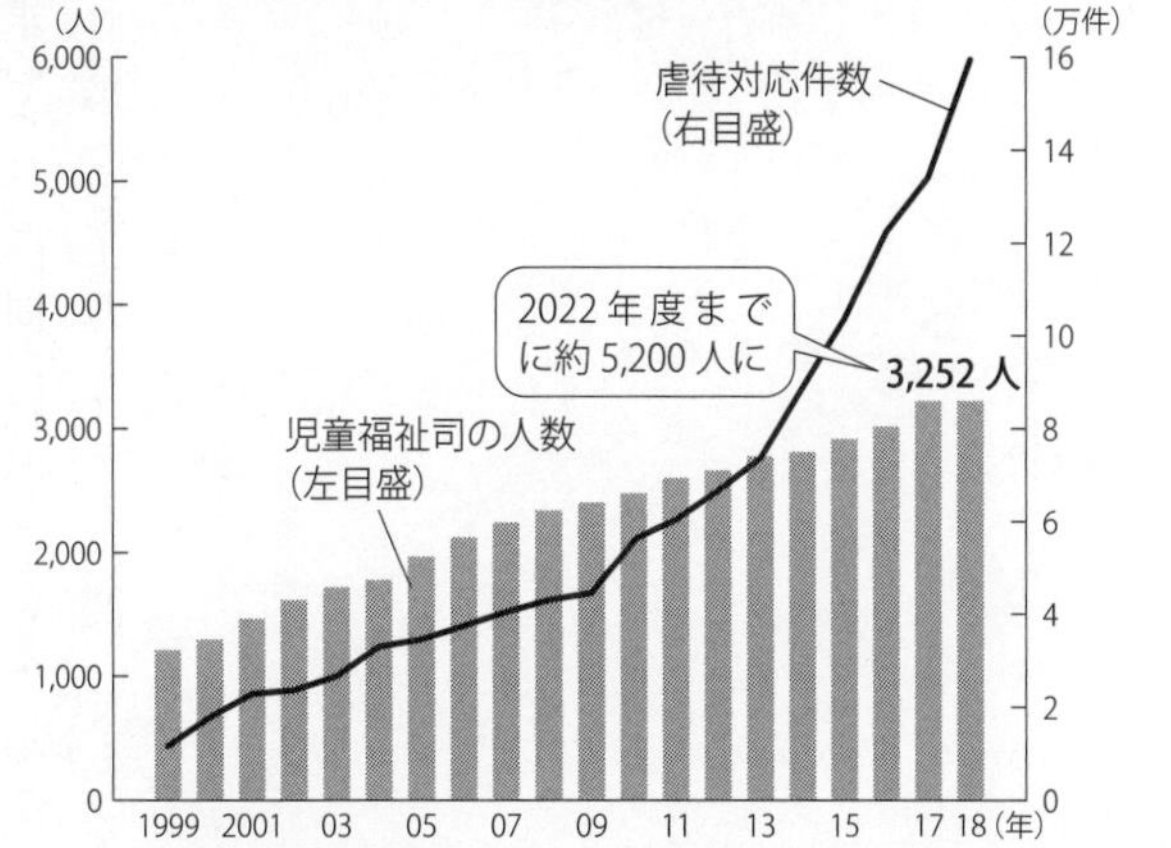

出所）厚生労働省「児童相談所関連データ」（東洋経済オンライン2019年9月18日号をもとに作成）

のあり方などは、官僚のあり方と同様にもっと議論されるべきテーマだったろう。よく言われるように、虐待事案や相談件数など処理すべき仕事量が激増しているにもかかわらず、マンパワーが圧倒的に追いついていない（図表1−4）。

この章を結ぶにあたって、「官邸主導だからこそ、日本の没落はこの程度で済んでいる」と主張する人に対して、最後の反論と提言をしておこう。官邸主導システムがある程度の形を整えたのが省庁再編と首相の権限が強化された2001年だとすると、すでにシステムが動き出してから20年以上が経過している。この程度の没落で済んでいると言い訳するには長すぎる。十分すぎるくらいに結果を求められる時間が経過している。少なくとも、経済成長にそれほどの影響を与えないのであれば、官邸主導システムに関しても改善を加える必要があるだろう。

第二章　危機対応できない警察国家

激しく変化した霞が関の権力力学

霞が関ではしばしば栄枯盛衰が語られる。それだけ権力とは変動が激しいことを反映しているのか、それとも、日々の仕事に虚しさを感じる役人が多いのか、あるいは、権力好きが多いからこそ、栄枯盛衰を語りたくなるのか……。

それでは改めて、権力とは何か？

マスコミで脚光を浴びる政治家を思い浮かべた皆さんも少なくないと思われるが、霞が関では、どこの役所に力があるのかという話もよく聞かれる。ただ、役所という組織を論じる場合のヴァリエーションはそれほど多くはない。決まって聞かれるのは「財務省の力は落ちたかどうか」だ。

明治時代以来、どれだけ時間が経っても、霞が関の省庁間の力学はそう大きく変動していないからだ。戦前は、巨大な内務省（旧自治省、警察庁、旧建設省、旧厚生省、旧労働省を合わせた官庁）が存在し、大蔵省（現在の財務省）と権力の双璧を形成していたが、戦後はＧＨＱ（連合国軍最高司令官総司令部）によって内務省が解体され、予算・税・民間金融というカネの流れを支配している旧大蔵省＝財務省が圧倒的優位に立ったこともあり、どこの役所が優位かを語る意味などそれほどなかった。

ただ、1990年代の行財政改革以降、そんな状況が一変した。財務省を凌ぐ役所が現れたからと言えばそうとも言えるが、そもそも役所の力学自体を論じる意味が薄れたということもある。

なぜ、霞が関の権力力学は、それほど激しく変化したのだろうか？

財務省優位は黄昏を迎えているか、それともその力は健在か

財務省の力の源泉については拙著（2012）も含めて数々の書籍や論評があるが、ごく簡単にまとめれば、次のようになるだろう。

日本のカネをすべて握っていること。民間金融機関に関しては金融庁に業務が移管されたものの、予算、税、国際金融というお金の流れは財務省が掌握している。

予算を握られているため、他省庁は財務省に頭が上がらない。それは検察や警察という超権力機関も同じだ。財務省絡みの事件が起きる度に、手が出せないんじゃないかという噂がまことしやかに流れるのは、他省庁の予算に大きな影響を与えているからだ。それを反映しているのか、並びや均衡を重視する霞が関にあって、財務省だけは一段格上の扱いになって

おり、各省事務次官に対応するのは財務省事務次官ではなく主計局長である。

予算と主計局の存在ばかりが目立つが、税を握っていることも財務省を支える大きな権限である。これも嘘か実《まこと》か、財務省に逆らう政治家には国税が税務調査に入ってネチネチ締め上げるといった都市伝説がまことしやかに囁かれるからだ。真偽はさておくとして、噂が立つだけでも、財務省にとっては大きな力の源泉になるだろう。いや、噂だからこそ、財務省が得体の知れない存在に見えると言うべきか。

政財官やマスコミを問わず、重要な情報はすべて財務省に集まると言われるほど、情報収集能力に優れていることも力の源泉だ。「これは先生だけにお教えする極秘の機密情報です」と耳元で囁くや否や、政治家はあっという間に財務省に籠絡《ろうらく》される。いや、そんなにすごくないだろうという意見がある一方で、集まってくる情報を一枚のペーパーに簡潔にまとめあげ、的確に耳打ちして政治家をたらし込む力については誰も異論を差し挟まないだろう。

政財官にさまざまな情報網を張り巡らし、政治や行政の基本的インフラとして機能していることも大きい。そこには頼れるシンクタンクの機能も付加されている。財務省に何かを頼めば、何らかの答えが返ってくるため、政治家は何か問題が起きる度についつい依存したくなってしまう。

その一方で、財務省主導システムはどこの役所にもそれほど都合の悪いものではなかった。財務省が威張り散らして君臨するとはいっても、他省庁を支配するような強固なものではないからだ。

自民党一党優位体制の下では、政権与党の力は大きく、財務省も一官庁にすぎない。そのため、どこの役所も族議員と言われる応援団のような議員を使って、財務省に揺さぶりをかけることができる。予算は前年踏襲主義なので、大きく削減されることがない。土下座してまで予算を認めてもらうというものでもない。他省庁にとって、財務省は使いやすい武器でもある。例えば、政治家や業界から補助金を増やせと圧力をかけられたとしても、「財務省が拒否しています」を言い訳にできる。

基本的にはみんなが利益を得るからこそ、財務省優位の各省割拠システムは維持されてきたのだ。だが、バブル経済崩壊後、これが大きく変化した。一言で言えば、財務省はかつてのような力を失いつつあるということだ。

なぜ、財務省システムは崩壊したのか？　その一方で、財務省に代わる役所は出現しているのだろうか。

官邸官僚の誕生

それを論じるに当たっては、政治や行政改革で大きな地殻変動があったことを、まず取り上げる必要がある。端的に言えば、ごく一部を除き、各省の力学を論じる必要性が非常に薄れたということである。

天下り斡旋の禁止、規制緩和、外郭団体の改革などで、役所毎の利権が消滅しつつあるのが最大の理由だ。2023年は久々に天下りが大きな話題となった。国土交通省の旧運輸省系官僚の天下りが世間を騒がせた(1)。ただ、あの種の役所絡みの利権が残っているのは珍しく、どこの役所でも組織ぐるみの利権は姿を消しつつある。そのため、組織をあげて利権を守るために政治家や政権与党や官邸を支えるといったことは、もはや起こりにくい状況になっている。

個々の官僚にしても事情は同じだ。組織のために働いたとしても、何か見返りがあるわけでもない。首尾良く官邸に入り込んだとしても、天下り先もなければ、出世を見込めるわけでもなければ、わざわざ出身省庁に忠誠を尽くす必要などないだろう。

二つ目は、政治主導システムで官邸が大きな力を持つようになったことだ。小選挙区制度と政治主導システムの導入によって、官僚だけでなく、かつては総理や大臣でさえ一目置いた族議員も姿を消した。小選挙区制度では党首が誰かによって選挙結果はオセロのように入れ変わるし、公認するかどうかは党首と蜜月関係にある幹事長の意向次第。いくら実力者の族議員といえども、党首である首相には逆らえない。選挙結果や派閥に依存するとはいえ、自民党総裁でもある首相・官邸に権力が集中するようになった。

この二つの大きな地殻変動の結果、霞が関の権力構造にどういう変化が生じたか？

官邸と距離の近い者が力を持つようになった。財務省や経済産業省（経産省）、外務省といった有力官庁は首相秘書官を出すなど、従来から官邸との距離が近かったが、その性格は大きく変化している。かつて各省は官邸の動向を探るために首相秘書官を出していると言われたが、今現在は、首相や官邸の意向を素早く捉えて忖度することに必死だ。立場が完全に逆転したのである。その結果、もともと官邸との距離が近かった役所だけでなく、個人的に関係を築いてきた者が大きな権限を握るように変化しつつある。

もう一つは、役所の序列を論じる意味が薄れたことだ。１９９０年代までは財務省主導システムで、時折、新技術や産業の出現というフロンティアで急速に力を持つようになった役所などが勃興することがあった。例えば、筆者が所属していた旧労働省は「三流官庁」と揶揄されたものだが、労働者派遣事業が現れ出した頃、半ば冗談ながら「労働省にも影響を及ぼすことができる産業や利権が出現した」と語っている人がいた。旧郵政省も有力な官庁ではなかったが、テレビ局への許認可と政治力のある特定郵便局を抱えていることで大きな力をもった。組織としての利権が官僚個々人に幅広く均等に配分されなくなった結果、もはや、組織を論じる意味が薄れた。

それでは、官邸主導システムに支配された霞が関の力学をどう読み解けばいいのか？

基準が官邸への距離感であることは同じだが、官僚個々人の力量と政策分野が格段に重要度を増しているというのが結論になる。

「官邸官僚」という言葉がすべてを象徴している。もはや出身省庁での出世や事務次官への忠誠など何の役にも立たない。自分を犠牲にして職場に尽くして出世したとしても、官邸から下りてくる仕事をやらされているだけ。そういう状況を脱するだけでなく、一省庁にとどまらない活躍をするためには、官邸の覚えめでたき官僚となることが重要だ。

ブラック霞が関で疲れ果てている官僚や、平凡な日常生活と些細な出世を願う官僚はいざ知らず、権力と栄達を求める官僚にとって、今ほど良い時代はないとも言える。官邸に絡んだ大きな仕事ができるだけでなく、何かと役所に難癖をつけてくる族議員から文句をつけられるどころか、官邸の意向だと命令することさえできる。

その意味では、やる気のある官僚は日々、仕事をこなしながらも、虎視眈々と、有力政治家と近付きになれる機会をうかがったり、内閣府や内閣官房など官邸に近付ける場所への出向を狙ったりしている。その一方で、受験秀才で真面目が取り柄の官僚（正確に言えば、日々の仕事を真面目にこなそうとする普通の官僚）の屍《しかばね》が積み上がっていくということになる。

もう一つは、これまでのような役所の利権ではなく、政策分野の重要性に応じて、各省が置かれる立場が大きく変化しているということだ。それは新しく創設された役所や大臣の数から推測できるし、官房副長官や首相秘書官などの官邸直結の主要ポストに就いている政治家の格などからも推測できる。

政治家と財務省との微妙な距離感

それでもなお「依然として財務省は強いんじゃないのか？」という反論をしたい人もいるはずだ。岸田内閣になってから財務省の名前を頻繁に耳にする機会が増えたことを考えても、やはり、組織としての財務省は大きな力を持っているのではないか？　と思っている向きは少なくないだろう。

この反論を完璧に封じ込めることは難しい。実際、コロナ禍においても予備費の活用をはじめとして、財政政策に関するさまざまな裏知恵を出したりと、政治家にとって財務省は頼りがいのある役所であることに変わりはない。

その一方で、故安倍晋三元首相が回顧録（2023）において財務省を厳しく批判し、深い疑心暗鬼の念を持っていたのを見てもわかるように[2]、財務省を敵対視する政治家も多い。財務省に対するこのスタンスは、いつ爆発するかわからない財政赤字をどう扱うのか、財政再建にいつ舵を切るのか、膨らむ社会保障費を補うために消費税をどこまであげるのかといった問題がある限りついて回る。

マスコミやネットを含めて、世間には財務省を応援する雰囲気は微塵もない。財務省とまったく無関係の学者が純粋に学問的な観点から「財政赤字を削減すべきだ」と主張しても、財務省に媚びを売っていると批判される。財政破綻はあり得ないと主張する一部の学者に根拠があるのと同様に、財政再建を主張する学者にも根拠はある。本来は、両者が科学的かつ客観的に議論すべきなのだが、ポピュリズムと感情と非科学的な雰囲気が客観性を破壊してしまう。

規制緩和、日銀の金融政策、財政赤字。この三つに共通したことだが、とにかく、不況が続く限り、「まだまだ足りない」と主張する識者やネット世論の影響が強すぎるのだ。その結果、とにかく彼らが納得するまで特定の政策を続けるしかないという、やけくそ気味の判断に陥ってしまっている。あるいは、今の財務省に典型だが、世間やマスコミがどう言おうが、財政再建こそ正義だという旗は降ろして、有力な政治家に媚びを売るという姿勢になってしまう。財務省事務次官（当時）の矢野康治氏が、2021年11月号の『文藝春秋』に「財務次官、モノ申す『このままでは国家財政は破綻する』」という論文を発表し、与党政治家を巻き込んで議論になったが、財政破綻するかどうかの是非はさておくとして、この手の啖呵を切れる官僚は限りなく絶滅危惧種に近い。

こういう状況を考えると、財務省と蜜月の関係を築くというのは政治家にとってもリスクが大きい。「財務省内閣」と揶揄された瞬間、内閣支持率は落ち込み、選挙には不利になる。岸田政権にしても発足時から財務省の影が指摘されたのが禍したのか、一時的に支持率は上がることはあっても、基本的には低迷している。その意味では、財務省から知恵なり予算なりを引き出せないと判断すれば、有力政治家はすぐに財務省を見限るだろう。

経産省内閣も内閣官房肥大化も、源は官僚主導？

他方、もう一つの反論として考えられるのは、「官邸を各省が支えるというシステムは、財務省が力を失ってもなくならない。財務省以外にも有力官庁はあるじゃないか。経産省内閣という言葉があるじゃないか」というものだ。いわく財務省に取って代わる後ろ盾の役所が現れる、という意見だ。

第二次安倍政権は「経産省内閣」と言われるくらいに経産官僚の活躍が目立った。首相の政務秘書官を務めた今井尚哉氏を中心に、経済産業政策局長を務めた新原浩朗氏、史上最年少の42歳で事務の首相秘書官を務めた佐伯耕三氏など、良くも悪くも、続々と名前が挙がってくる。ただ、政務秘書官というポジションが経産省に戻ることを前提としない片道切符であることからわかるように、彼らは経産省に利益をもたらそうと行動したわけではなかった。

例えば、第二次安倍政権で政府広報官を務めた経産官僚の長谷川榮一氏（元中小企業庁長官）が、その著書（2022）で語っていることが当てはまるように思う。個々人の関係で安倍政権を支えている側面が強く、経産省内閣という名称は適切とは考えられない。もちろん、官邸や内閣官房で活躍する人材を経産省のコネクションで手っ取り早く登用していった結果、人材が偏ったという側面もあるのだろうが、省益目当てだったわけではない。同じ組織に属すること、仕事上のつながりで、経産省関係者が光の当たるポストに登用されやすい側面があったと解釈するのが自然だろう。

実際、官邸を支えた官僚も経産省出身者だけではない。官邸主導の象徴であった第二次安倍政権では、首相秘書官など官邸を中心にスタッフとして政権を支えた官僚と、官邸主導の象徴とも言うべき内閣官房を中心にラインとして政権を支えた官僚の両者が相まって大きな影響力を発揮したが、内閣官房ラインの方は必ずしも経産官僚が主体とは言い切れない。

内閣官房とはそもそも何か？　各省割拠システムでは名前があがらなかったが、内閣を支える組織だ。内閣官房が官邸主導を支えたことをいくつかの側面から検証してみよう。まず、国家公務員全体の配分や組織の拡大から考察を進めてみると、圧倒的に内閣官房が肥大化していることがわかる。「日本経済新聞」（２０２２年11月１日付）は、その実態をデータ面から浮き彫りにしている。予算上の定員は２０２１年度にデジタル庁に移管した分を除いて１２９０人と10年前の１・５倍に達しており、幅広い政策テーマを扱う部署が乱立している。

これだけ肥大化するとさまざまな問題も発生する。あまりにも多くの部署が作られて、官邸主導なのに部署間のセクショナリズムが発生する。内閣官房の職員の多くは、出身省庁からの出向者が多いことから必然的に人手不足が露骨になる。それは内閣官房で併任をかけられている職員が激増している事実から明らかだ。「日本経済新聞」（２０２２年11月１日付）によると、05年度に７４１人だった併任は20年度には２２２９人にまで膨れあがっている。

総定員法で縛りを受けているために、どれだけ仕事が増えても国家公務員の数は増やせない。そのため、併任という形で複数部署を兼任する官僚が増える。筆者の経験で言えば、省庁再編前に旧労働省から統合前の大規模な人事交流の一環として旧厚生省に出向した際、旧労働省に比べて仕事量があまりにも多すぎたためか、あちらこちらで併任がかかっていたことを鮮明に覚えている（筆者も政府系金融機関の法案準備で併任がかけられた）。

それでは、これらを総合して内閣官房が財務省や経産省を凌ぐような強い組織になったと言えるかどうか。結論から言えば、肥大化＝強大化とは言い切れない。理由は単純だ。内閣官房は各省からの出向者の集まりであり、組織として機能するかどうかは首相や官邸が強力なリーダーシップを持っているかどうか、内閣官房の実務を担う官房副長官補や官房副長官補室に有能な人材が集まるかどうかに依存するからだ。この基本的な構造については政権にかかわらず大きな変化はないと考えられる。例えば、高橋（２０１０）は、内閣官房副長官補室が機能するには首相が指導力を発揮する意思があることなどが前提だと指摘しているが、それは今もって変わっていない。

こうやって考察してみると、結局、官僚主導体制は変わらず、少し形を変えただけだと見なすこともできる。知恵を絞り、政策を動かすためには、ふんぞり返っている政治家だけではどうしようもならず、官僚に依存せざるを得ない。ただ、かつてのような各省依存の官僚主導体制は機能しないので、海千山千で政治との接触を厭わない官僚や、出世間違いなしの各省選抜官僚などが、官邸や内閣官房に散らばって「政権を支える」という一点で結集したということになる（もちろん、すべての政権に当てはまるかどうかはわからないが……）。簡単に言えば、キャリア官僚の中でもエリート性の強いスーパーキャリア官僚が政権を支える構図になっているということだ。

権力力学により深い影響を及ぼす政策分野の重要度を読み解く

その一方で、政策の重要度は大きく変化している。日本を取り巻く環境は変化しているし、少子高齢化で社会自身も変化を余儀なくされているからだ。どこの国でも政府の仕事の基本は、通貨・秩序・治安維持・外交・防衛であることを考えると、財務、法務、内務、外務、防衛の五省は政府機能に必要不可欠と言えるが、その他の政策分野は時代とともに重要性が大きく変動する。

重要度が高くなる役所やその分野の専門知識を持つ官僚は、重用されることになる。政治主導体制や世論の影響がいつになく大きくなっている流れを踏まえると、その変動幅はより大きくなる。

ここでは、新しく作られた役所、首相や官邸など権力中枢に近いポジションである首相秘書官や官房副長官人事、内閣府に置かれた特命担当大臣の種類の四つを中心に、どういう政策分野や官庁の地位が向上しているのかを分析してみる。

まず、組織面から確認してみよう。２００１年に省庁再編が行われるまで、日本の中央官庁の組織図には大きな変化がなかった。国家公務員法が抜本的に改正されなかったのと同様に、大きな変革が行われなかった。なぜ、大きな組織変革がなかったかについては、さまざまな理由が考えられる。たとえば各省の力が強い、行政改革は選挙の材料にならないので国会議員がそれほど熱心ではない、そもそも抜本的に改正する意味がないなど。

01年の省庁再編以降は、政治主導体制が強まったこともあるのか、かつてと比較にならないくらいのペースで省庁の再編が行われている。かつて大蔵省から金融分野を切り離して金融庁を新たに創設するまでに相当の紆余曲折を経たことを考えると、隔世の感がある。

主なものをみてみよう。まず00年に誕生したのが金融庁。01年に庁から省へ昇格したのが環境省、その後、07年に防衛庁が防衛省に昇格した。読み取れるのはこれらの政策分野が国家に占める比重が重くなっていることだ。経産省内閣と言われるが、民間企業の力量次第の産業政策と、この三つの役所のどちらが重要だろうか。正解のない成長戦略に比べると、ある程度やるべきことがはっきりしている金融・環境・防衛の重要性は一目瞭然だ。

ちなみに、省と庁の違いは非常に大きい。元々、環境庁も防衛庁も大臣のいる役所だったが、これはあくまで例外。国家行政組織法では、「各省の長は、それぞれ各省大臣とし、内閣法にいう主任の大臣として、それぞれ行政事務を分担管理する」（第五条第一項）と定められている。トップが国務大臣かそうでないかの違いは大きい。

新たに作られた役所も見てみよう。庁から省に昇格した役所はあるが、新たに作られた省はない。ただ、いくつもの庁が作られている。

観光庁（08年）、消費者庁（09年）、復興庁（12年）、スポーツ庁（15年）、防衛装備庁（15年）、出入国在留管理庁（19年）、デジタル庁（21年）、内閣感染症危機管理統括庁（23年）、こども家庭庁（23年）である。

これらも、政策としての重要度の高まりが背景にある。特に、省の外局として置かれる庁ではなく、デジタル庁や復興庁のように独立した庁として置かれる組織は重要度が高い。今後、マイナンバーの運用だけでなく、国際的に遅れていると言われるデジタル面での取り組みを考えると、デジタル庁の占める比重は大きくなると考えられる。

特命担当大臣の種類の変遷で見え隠れする政策の重要度

次に、内閣府に置かれた特命担当大臣の種類をみてみよう。自前の事務局を持たないことや、複数ポストを兼務する大臣が多いことから、お飾りじゃないのかと揶揄する声がある一方で、新設ポストは相応の経済社会の変化を踏まえていることを考えると、少なくともどういう名称の大臣ポストが設置されるようになったか分析することには大きな意味がある。

内閣府特命担当大臣が制度として発足した2001年（第二次森改造内閣）の省庁再編後から岸田政権までをみると、時代や政権に応じて重視されてきた政策が移り変わっていることがよくわかる。

第一次安倍政権から民主党政権にかけては「規制緩和」の担当大臣ポストが常に設けられていて、この時期、不況からの脱出をめざした改革として、いかに規制緩和が重視されていたかがわかる。また、民主党政権になってからは「新しい公共」「行政刷新」など行政改革に絡んだポストの重みが増している。民主党政権のマニフェストの内容から当然と読み取れる一方で、自民党政権で重視されていた規制改革担当大臣が姿を消している。

第二次安倍政権になってからは、規制改革担当大臣が復活する一方で、目新しい大臣ポストは設置されていない。だが、長期政権を維持しただけあって、麻生太郎元総理を金融担当、甘利明元経済産業大臣を経済財政担当に配置しており、アベノミクスを成功させるべく、内閣府特命担当大臣を重視していたことがわかる。リアリストたる証《あかし》か、現実に責任を負おうとする保守らしさなのか、福島第一原発の廃炉を視野に入れた大臣の設置も安倍政権になってから一貫している。

長期政権ゆえなのか、あるいはしばしば指摘されるように目先を変えるためなのか、目玉政策が目まぐるしく変わったこともあって、一億総活躍、東京オリンピック担当などの特命事項を担当する大臣も目立つ。この傾向は内閣改造時においても同様で、安倍政権を継承する色合いの強かった菅義偉内閣においても、デジタル担当大臣などが置かれている。岸田政権においては経済安全保障がそうだ。

その一方で、内閣を問わず、重視されていたのが少子化、男女共同参画、防災と食品安全の四つである（内閣府HPで確認すると、鳩山内閣でのみ防災担当大臣が置かれていないだけである）。にもかかわらず、少子化に歯止めがかからず、国際比較から明らかなように女性の地位が充分に向上していない。政治主導で担当大臣まで設置して、このざまである。

首相秘書官と官房副長官にみる政権中枢の変化

1990年代半ば以降の改革がめざしたものは、官邸主導体制の構築である。それを考えると、官邸がどこの役所を重視したのかも、役所力学の変動を知るには格好の材料となる。ここでは首相秘書官と官房副長官の変化をみてみよう。

首相秘書官は長きにわたって5人の時代が続いた。通常、政務秘書官が1人、事務秘書官が財務、外務、経産、警察の4省庁から各1というのが慣例だったが、官邸機能が強化されるにしたがって人数が増えただけでなく、出身官庁にも多様性がみられるようになってきた。まず、民主党政権誕生直前の自民党政権においては、麻生内閣で初めて総務省から秘書官を迎え6人に増えた。その後、旧民主党政権では7人に増えた。特に菅直人内閣では、厚労省と防衛省からも秘書官が登用された。その後、総務省と厚労省から秘書官は登用されていないが、防衛省からの秘書官登用は続いている（現在は2名の政策秘書官、財務〔2名〕、外務、経産、防衛、警察の6名の事務秘書官で計8名）。

ちなみに、菅直人内閣が防衛省から秘書官を起用したのは、北朝鮮対応や米軍普天間基地移設などを踏まえ安全保障政策の事務体制強化が必要と判断したからだが、安全保障環境が厳しくなっているのは今日においても同様だ。

次に、官房副長官（事務）の任命についてみてみよう。官邸主導体制においても従前と同じように官僚の首領とも言うべき官房副長官は大きな比重を占めている。戦前からの経緯もあってか、官房副長官は旧内務省系列の省庁出身者が就任するのが慣例となってきた。旧自治省、旧厚生省、警察庁、旧労働省、旧建設省であるが、長期にわたって勤め上げた石原信雄氏が旧自治省、古川貞二郎氏が旧厚生省、第二次安倍内閣を支えた杉田和博氏が警察庁出身であることから、この3省が中心になってきた印象が強い。秦（2001）及びネット上での情報から確認すると、1949年以降で旧内務省以外の例外は少なく、菅野義丸（鉄道省）、剱木亨弘（文部省）、田中不破三（鉄道省）、小笠公韶（商工省）の他、最近では第一次安倍政権時の的場順三氏（旧大蔵省出身）にすぎない。

気になるのは、第二次安倍政権と菅政権という長期にわたって官房副長官を務め、あたかも、官邸の守護神であるかの如く、霞が関の人事にも強い影響を及ぼした杉田和博氏に続いて、岸田政権発足時に官房副長官に就いた栗生俊一氏も警察庁出身ということだ。警察庁出身の内閣官房副長官と言えば、後藤田正晴元副総理が有名だが、なぜ二代にわたって警察出身者が官房副長官に従事しているのか？

マスコミに流れる記事などを追ってみても、どうも判然としない。一般の日刊紙に濃い情報が記されていないのは言うまでもなく、ディープな情報が掲載される有料雑誌でも、あくまで管見の及ぶ限りという条件付きだが、それほど詳述されているものをみない。いや、記事を詳細に追いかけていくと、副長官人事を巡って揺れ動いている様子はわかるが、なぜ、警察庁出身者がここまで重視されるのかが判然としない。

いくつかの記事を追いかけると、杉田和博氏の後任としては当初、安倍総理の側近として名高い北村滋国家情報安全局長にどう禅譲するかを報じる記事が多い。例えば、杉田氏自身の狙いも安倍首相の側近で警察官僚である北村滋内閣情報官に禅譲することで、官房副長官を警察庁の指定席にするのが目標だという（『選択』２０１７年９月号）。その一方で、菅官房長官（当時）に近いとされる岡崎浩巳元総務事務次官を最有力と報じるものもある（同２０１７年１月号）。旧自治省こそ旧内務省の嫡流ということを考えると、旧自治省系がここまで長期にわたって内閣官房副長官の地位から遠ざかるのは屈辱だということもあるのだろう。マスコミには流れないが、背後で複雑な暗闘があったことは推測がつく。実際、法務省内でも官邸に近すぎて問題となった黒川弘務事務次官を官房副長官に送り込もうという動きがあったとも言われる（同２０２０年12月号）。

ただ、最終的にふたを開けてみると、北村氏でも岡崎氏でもなく、警察庁長官の栗生氏に落ち着いた。

これについてノンフィクション作家の森功（２０２２）は、官邸の人事には安倍晋三元総理と深いつながりのあるＪＲ東海名誉会長の葛西敬之氏が杉田官房副長官とともに大きな影響を及ぼしたという警察官僚の証言を記している。だが、いくら有力者といえども、官房副長官人事にそこまで影響を及ぼせるものかを含めて、やはり判然としない。また、歴代副長官は杉田氏に不適格の烙印を押しているという証言や、官邸官僚が杉田副長官は予算絡みの政策がわからないという証言をしていること（同２０２０年12月号）、さらに言えば、杉田氏は警察庁長官を経験しておらず、永田町周辺には行政に精通した事務次官経験者に交代させるべきだという声もあるという（同２０１６年４月号）ことを考えると、警察庁がこれだけ長期にわたって官房副長官の地位を占めるというのは理解しにくい。

その一方で、警察官僚の重用は第一次安倍政権からすでに垣間見える動きであり、第二次安倍政権でそれがより一層はっきりしたと見なすこともできる。『選択』（２００８年11月号）は、麻生内閣において漆間巌警察庁長官が32年ぶりに官房副長官に抜擢された背景を詳述しているが、それによると、国際諜報分野に明るい漆間に、安倍晋三官房副長官（当時）が全幅の信頼を置いたと記されている。

警察庁は行政組織ではあるが、その本質は捜査機関の元締めだろう。表に出る立場でないにもかかわらず、なぜ、ここまで行政の中枢を占めているのか？　大手マスコミはほとんどこの点を問題視してこなかった。少なくとも、正面から問題視した記事を書いてきたという記憶がない。

官房副長官には何より行政に熟知していることが求められるとすれば、警察庁出身者が適切とは思えない。各省折衝や調整に深く関与するわけでもなければ、各省横断的にまたがる大きな政策や制度を持っているわけでもないからだ。

それにもかかわらず、なぜ、ここまで警察庁関係者が権力の正面に出ているのか？　危機管理能力の比重が格段に増していること、頂点に立つ政治家の嗜好が変わったことの二つが大きな影響を及ぼしているとしか考えられない。右派と目される保守政治家が有力になり、国際環境が悪化するにつれ、治安や危機管理の重要性が増すからだ。

ただ、こういう表面的な理由だけで、警察庁が重視されるようになったと言い切れるだろうか？　以下では、第二次安倍政権において危機管理が格段に重要な政策課題になったこと、単刀直入に言えば、政府内での警察官僚の重要性と必要性が格段に増したことを論じた上で、表面には出ないもう一つの理由を掘り下げてみようと思う。

安倍長期政権で進んだ「警察国家」現象

アベノミクスを掲げた第二次安倍政権では「成長戦略」という言葉が頻繁に聞かれたが、財政政策や金融政策に比べて、明らかに不十分だという評価は衆目の一致するところだろう。農協改革などはあったものの、目立った新自由主義的政策や極端な国家主義的経済政策が行われたわけではない。

その一方で、1990年代後半以降、目立つのは、防衛庁の省への昇格、制服組の抜擢など、外交・安全保障分野の重要度がかつてなく高まったことである。北朝鮮と中国の動きは、第二次世界大戦後の日本が維持してきた平和国家の枠組みや、憲法9条堅持を揺るがせる事態になり、外務省や防衛省の専門知識や経験に依存する比重が増えている。防衛省に関して言えば、第二次安倍内閣では制服組の登用が目立ってもいる。

ここに警察官僚の度重なる官房副長官への登用や、第二次安倍政権や菅政権において裏方とは思えない華々しい活躍をした北村滋内閣情報官を重ね合わせるとどうなるか。

外交安全保障と内政の危機管理が密接に絡み合っている姿が見えてくる。警察庁出身者の登用をもってして「警察国家」と名指しするのは不適切であると思う反面、外交安全保障の枠組みの中に、スパイや諜報を絡めて考えると、結節点としての警察庁、特に外事警察の重要性が浮かび上がってくる。

もちろん、外務、防衛、警察の三者間で権力闘争があることは否定しないまでも、北朝鮮情勢や泥沼化する一方の米中新冷戦を重ね合わせると、これからの時代はますます安全保障関係の比重が高まることは明らかだし、これまで日本でタブー扱いされてきた諜報機関の重要性が喫緊の課題としてあがってくる可能性も否定できないだろう。筆者の予想にすぎないが、スパイ防止法や諜報機関の設立を正面から問いかけるというよりは、半導体など経済安保の観点や機密保持という側面から、諜報やスパイの重要性をよりソフトな形で議論する傾向が強まってくるであろう。

この特徴に関して第二次安倍政権を事例に、違う側面からも検証しておこう。『検証　安倍政権』は、２０１２年末の発足から16年7月の参議院選挙までの前半は着実に仕事を仕上げる一方で、森友学園と加計学園を巡るスキャンダルなどに揺れた17年以降は政策面での停滞が見られたと総括している。

ここで注目すべきなのは、さまざまな仕事を成し遂げた前半の動きである。政権発足直後はアベノミクスを中心に経済を前面に打ち出したが、参院選での勝利を経て以降は、国家安全保障会議（ＮＳＣ）の設置、特定秘密保護法の制定、首相の靖国神社への参拝、集団的自衛権の限定的行使を容認する安全保障法制の整備など、右派政権らしい政策を続々と実現させている。アベノミクスを政権の原動力としつつも、財政政策と金融政策に依存するばかりで、世間が溜飲を下げるような成長戦略を打ち出せなかったことと合わせて考えると、総理自ら力を入れていた政策は何だったのかが明確に分かる。

安全保障は外交と防衛だけで担保されるものではない。第二次安倍政権以降で目立つのはインテリジェンスの重視だ。国家の政策決定や危機管理のための情報＝インテリジェンスを収集して分析する機能が目立って強化された。それはＮＳＣの設置に典型だが、他の政策分野と比べて際立っている。

小谷（２０２２）は旧日本軍から第二次安倍政権までのインテリジェンスの歴史を検証しているが、軍事やスパイといったものがタブー視された戦後、遅々として進まなかったインテリジェンスの体制が第二次安倍政権以降、急速に進んでいることが読み取れる。

この時期、法制度、事務局を整えたのは言うまでもなく、公安畑が長かった杉田官房副長官、影の外務大臣と言われた谷内正太郎国家安全保障局長、外事警察のキャリアを持ち、11年から長きにわたって内閣情報官を務めた北村滋という人材が揃ったことも大きかった。

特筆すべきは、この体制の下でインテリジェンス・コミュニティの一元化が図られたことだ。北村内閣情報官はそれまで週に一度だった内閣情報官による総理ブリーフィングを週二度にし、そのうち一度はインテリジェンス・コミュニティを構成する、警察庁警備局、防衛省情報本部、外務省国際情報統括官組織、公安調査庁、内閣衛星情報センター等の担当者が直接総理にブリーフィングする形式をとったという。そのため、内閣情報官が中心になって定期的に各省の情報担当者が会合を持つこととなった。

これらの動きを簡潔にまとめれば、外務、防衛、警察の三者の比重が格段に重くなったと言えるが、インテリジェンス・コミュニティの中心を占める内閣情報調査室が警察庁関係者で占められていることを考えると、第二次安倍政権においては、警察庁こそが抜きんでた存在になったと見なしてもいいのではないか。

実際、彼らを「官邸警察派」と指摘する省庁関係者もいるというし（今井　2019）、総理を支配する闇の集団として『官邸ポリス』（幕蓮　2018）という書籍まで出版されている。ここではあえて詳述しないが、官邸ポリスを巡っては週刊誌を賑わせるきな臭い動きもあった。例えば、安倍政権では菅官房長官が情報漏洩を嫌って統制を強めたり、情報が漏れた場合には徹底的な犯人捜しを命じたりするという記事が散見されるが（例えば、『選択』2

014年6月号、2019年3月号)、ここに公安系統の警察官僚が牛耳る官邸という構図を加えると、これまでの霞が関とはまったく異質の地殻変動が見え隠れする。

実際、第二次安倍政権において、下半身報道が不自然に増えたのは、安倍首相と菅官房長官が杉田官房副長官と北村内閣情報官を重用したことと関係があるという理解は、永田町・霞が関の常識になっているという。その手法というのが、警察組織を使って政官界要人の素行を洗い、醜聞を握ると政権寄りの新聞・週刊誌に書かせるというもので、内閣情報調査室が手足として動くというものである(『選択』2018年4月号)。さらに言えば、官邸内の権力を巡る暗闘は一筋縄ではいかないことの表れか、菅官房長官が杉田と北村という油断ならない警察官僚二人にこだわったのは、自身の「金銭にまつわる過去を握りつぶすための布石」という関係者の見立てを紹介する記事もある(『選択』2020年10月号)。すべては闇の中だが、権力のために警察が使われたとすれば由々しき事態だろう。

新たな官僚カーストの生誕

以上をまとめると、どういうことが言えるのだろうか?

官邸主導が強まる中、各省割拠システムは融解しつつあり、もはや役所間の力学云々の議論は無意味になりつつあるということだ。財務省は依然として組織として高い規律を有してはいるものの、かつての栄華を取り戻すとは考えにくい。その他の役所に関しては論じるまでもないだろう。

その一方で、着実に進んでいるのは官僚の個人化である。どこの省庁に所属するかということではなく、首相や官房長官との距離の近さ、政策分野の重要度などから重用される官僚と普通の官僚との格差はさらに拡大すると思われる。

第二次安倍政権と岸田政権をみてもわかるように、今後も、官邸主導の形は変化していく可能性が高いとはいえ、官邸に根城を置く官邸官僚、内閣官房や内閣府に籍を置き各省に命令を下す立場となる準官邸官僚、それから各省の現場で働く一般の官僚という三層構造になる可能性が高いのではないだろうか。

これを結論づけるとどうなるのか。キャリア官僚制度は事実上崩壊しつつあるということだ。もはやかつてのような横並びの昇進、平等な処遇はなくなっている。おそらく、現場の官僚の士気が恐ろしく低下し、霞が関を去る者が続出するという事態に陥って対策を迫られない限り、この流れは不可逆的だろう。

その一方で、外交安全保障・治安に絡んでスパイや諜報の比重が増し、警察庁が大きな力を持ち始めていることは不気味ではある。今後、警察庁の意向に関係なく、その重みは確実に増していく。

そう考えれば考えるほど、警察庁は政治から切り離すべきだ。しかし、今の情勢をみていると、政治が利用しているというよりも、警察庁の方から近づいているようにさえみえてくるのは筆者の思い込みが過ぎるだろうか？

政友会と民政党の二大政党だった戦前は、内務省警保局長（現在の警察庁長官）、警視総監を自由任用とするかどうかで常にせめぎ合いがあった。警察ポストを握ることは選挙違反の摘発などで優位に立てるため、政党はこのポストを自由任用にしたかったのだ。その反省もあってか、戦後は、民主的統制を加えながらも、警察に関しては中立性を重んじるような仕組みになっている。内閣人事局制度についても、警察庁幹部だけは適用対象外になっている。実際、筆者も福田内閣時に設置された国家公務員制度改革推進本部顧問会議のワーキンググループで警察庁は対象外とすべきだと主張した覚えがある。

あらゆる権力は、物理的暴力装置の側面を持つ軍や警察を掌握したがる。だからこそ、その干渉から独立するためにさまざまな制度を設けているのだが、警察庁がこれだけ官邸で重きをなす事態を考えると、わざわざ、何のために独立性を担保するような仕組みにしたのかとさえ思えてくる。また、大手マスコミは遠慮して報道しないものの、第二次安倍政権では捜査にまで忖度があるのではないかという事案があったことは記憶に新しい。警察庁自身が政治との関係で常に緊張感を保つことは不可欠だろう。

首相・官房長官という頂点を極めた政治家を官邸官僚という超エリート官僚が補佐する政官融合体を、政治的動きを苦にしない警察庁が守護する。そんな官邸主導体制が日本をどういう方向に導くのか。その行方を常に注視していく必要があるだろう。

第三章　天下りが先細る先にある「政商」問題

天下りの要因とメリット・デメリット

官僚批判の最たるものと言えば「天下り」だろう。１９９０年代半ば以降の改革でも、天下りの撲滅は主な目的とされ、国家公務員法が改正された２００７年には、各省が再就職を斡旋することが禁止された。

あれからすでに17年が経過している。一体、どれだけの効果があったのだろうか？

役所の先輩や同僚から年賀状をもらい、そこに身近で起きたさまざまな出来事が綴られている現状に接する時、天下り規制の効果は大きかったのではないかと思わざるを得ない。とりわけ一部の真面目な官僚にとっては、厳しい老後が待ち受けている。そんな気がするのだ。ただ、ごく一部の官僚は、かつてとは比較にならないくらい金銭面に恵まれた再就職＝天下りを享受している。いくつもの民間企業から顧問や社外取締役の立場を与えられ、悠々自適の老後を満喫している。

天下りの現在地をどう読み解けばいいのか？

まずは基本に立ち返って、天下り発生のメカニズムやその是非、規制の枠組みから考えてみることにしよう。

天下りの定義は難しい。ここではごく簡単に、役所が斡旋する国家公務員の再就職と定義しよう。逆に言えば、能力本位による自力の再就職は天下りではなく、再就職である。どう見極めるのかは……正直わからない。

それでは改めて、天下りが発生するのはなぜか？

最大の要因は、役所の人事や雇用慣行にある。役所の場合、民間企業と違って自由にポストを作ることができない。法令で縛りを受けている。局長ポストはごく少数であるから、キャリア官僚がいくら難関試験を突破した人材といっても、全員が局長になれるわけではない。

ここが天下りの基点となる。ポストが限定されているため、若手を審議官や局長などに抜擢していくためには年輩の官僚に辞めてもらわないといけない。定年まで居座られるとポストが空かないからだ。そのため、役所では「早期退職勧奨制度」というものがあるのだが、辞める側にも生活がある。こうやって出来上がったのが関連企業や団体への再就職＝天下りである。筆者が調べたところ、この雇用慣行は相当古くから続いていて、少なくとも昭和初期にはすでにその萌芽が見られる。

もう一つは、官僚の年金水準の低さだ。慎ましやかな生活を送るには十分だという批判はあるが、戦前の恩給制度のような手厚いものではないため、老後はどうしても働くことを前提に考えざるを得ない。

この二つが役所内部からみた理由だが、これだけでは綺麗事にすぎるだろう。天下りには組織の影響力拡大を狙うという役所の意図もあるからだ。天下りが先か、影響力の拡大が先かは、卵と鶏くらいに微妙だが、霞が関や永田町の住人ほど影響力を及ぼすことに快感を感じる人種はいないのは確かだ。

その結果、独立行政法人や特殊法人、許認可権が及びやすい民間企業で天下りポストがどんどん出来上がっていく。これが天下りの弊害でもある。天下りポストを増やし、自分たちの影響が及ぶ組織を維持するために、本来は不要な外郭団体を作ることほど税金の無駄遣いはないだろう。自由競争の世界では、本来倒産すべき会社が役所の許認可でゾンビ企業として生きながらえることは、マーケットを歪めることにつながる。

実は、天下りの罪深いところは役所の雇用慣行が社会や経済全体に大きな影響を与えることにある。そのため、従来から天下りを規制すべき、いや、規制ではなく壊滅させるために抜本的な策を打つべきだという声が強かった。

天下り禁止に至った背景と具体的な抑止策

天下りは2007年の国家公務員法の改正で規制されるようになった。ただ、それまでも規制がなかったわけではない。

従来は、国家公務員法第103条により、職員は人事院の承認を得た場合を除いて、離職後2年間は、離職前5年間に在職していた国の機関または特定独立行政法人と密接な関係にある営利企業に再就職してはいけないとされていた。

狙いはシンプルで、官民癒着を警戒したということだ。これ自体は間違いではないし、離職後2年間というのは相応の長さでもあり、決して緩い規制というわけではない。ただ、この規制では抜け穴があまりにも多いことから、その有効性は疑問視されていた。人事院の承認が甘いことに加えて、最大の問題は営利企業（民間企業）だけが規制の対象となっていることだ。規制緩和などで中央官庁が民間企業への影響力を失うにしたがって、主な天下り先は非営利法人に移っていった。特殊法人、独立行政法人、公益法人などだが、こちらへの再就職に対する規制が皆無だったのだ。

具体的な規制の枠組みを説明する前に、天下りが規制の対象となったのは、それが公務員の特権と映ったというのが率直な理由だ。既述したように、予算の無駄遣いやマーケットを歪めるという側面もあるが、バブルがはじけ、失業率が史上最悪と言われる水準となり、格差社会で貧困に陥る者が続出する中、優雅な第二の人生は世論の怨嗟の的となったというわけだ。しかも、経済成長の鈍化と高齢化の進展で予算配分を大きく変えなければいけない。そんな時に、天下りのためだけに多くの非営利法人が存在し、そこに多額の予算が投入されるのだ。国民の怒りに火がつくのは当たり前だった。経済状況が良かった頃は、官僚という優秀な人材が能力を存分に発揮するのは良いことだとしていた世論が、不況を機に大きく変わったといってもいいだろう。

ちなみに、天下り規制を巡る国会審議などフォーマルな背景などについては小林公夫（2012）が詳しい。

さて、今現在の規制の枠組みに戻ろう。まず、新たな枠組みの基本となったのは、営利企業、非営利法人を問わず、役所による再就職の斡旋を禁止し、官民人材交流センターに一元化することである。かつて役所は頑なに、斡旋の存在を認めてこなかったが、この改革は大きな前進だった。次に、職員が自らの職務と利害関係を有する一定の営利企業等に対して、求職活動を行うことの禁止である。三つ目は、再就職した者が離職前に在職していた組織の役員等に対して「働きかけ」を行うことの禁止である。

その一方で、新たな枠組みでは、能力本位の再就職は認められるようになった。見方によるが、かつてより規制が緩くなったとも解釈できる。能力本位だと言い張れば、民間でも独立行政法人でもどこでも、離職後即座に再就職できるからだ。

これらの改革の枠組みから、天下りは「事前規制」から「事後規制」に転換したと言われる。能力本位の再就職は自由だが、再就職後に立場を利用して役所に影響を及ぼそうと「働きかけ」れば罰されるからだ。

それでは事後規制に軸足を置いた新たな天下り規制の枠組みのどこに要諦があるのだろうか？　それは監視機関の存在だ。

07年の法改正では、そのために再就職等監視委員会を設置することにした。簡単に言えば、役所が斡旋していないかどうかを監視する組織だ。監視組織が機能すれば、能力本位でない再就職はしにくくなる。事後規制の枠組みでは、もう一つ、毎年度、再就職状況を公表する制度も設けられた。公表措置を軽くみる人もいるが、使い方次第で有効だろう。曲がりなりにも、幹部公務員以上の再就職先は公表されるのだ。疑惑があれば表面化する可能性も出てくるし、再就職する官僚側にしても「公表しなければならない」というのは、強い圧力にはなるからだ。

図表3－1　再就職者数の推移

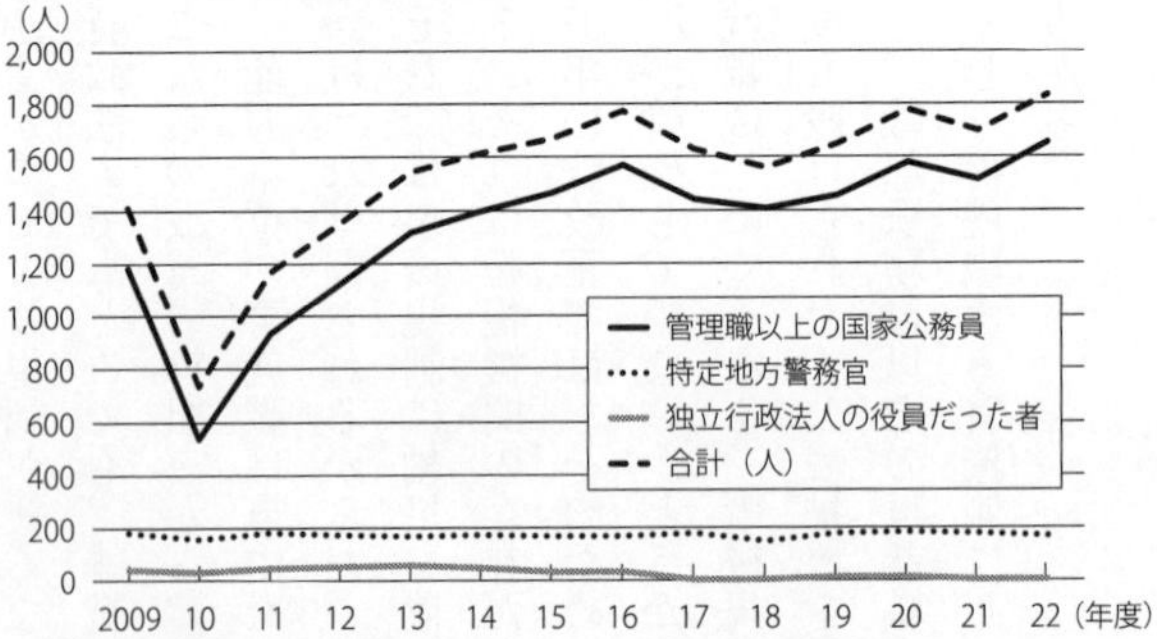

出所）内閣官房・総務省（2013年度以降は内閣官房）発表資料に基づき作成

注）特定地方警務官とは、警視正以上の階級にある都道府県警察の警察官のうち、その属する都道府県警察において巡査の階級から順次警視の階級まで昇任し、引き続き地方警務官となった者およびこれに準ずるものとして国家公安委員会規則で定める者をいう。内閣が国家公務員法第106条の25第二項に基づき毎年公表することとなったのは平成20年度の途中からであり、20年度については20年12月31日～21年3月31日の3ヶ月分しかないため、このグラフでは始まりを21年度（2009年度）としている。

ポスト天下りは定年まで勤め上げる時代

それでは、改めて、これらの天下り規制で役所や官僚はどう変わったのか？

毎年度、内閣官房がまとめて公表している再就職状況、メディアなどの記事からみてみると、まず第一に、天下りは先細り、その結果、現役官僚の人事に地殻変動なみの衝撃が起きている。露骨に言えば、生活基盤が不安定化している官僚が多い。

図表3－1は再就職状況をまとめたグラフである。対象は管理職以上である。再就職者数は依然として多い。繰り返しになるが、天下りを「役所の斡旋による再就職」と定義すれば、天下った者は誰もいない。再就職した者がいるだけである。

再就職した者の中にも、斡旋を受けて天下った者もいるんじゃないか。そう疑念を持つ人がいるかもしれないが、少なくとも、疑念が事件とならない限り、公表された者は再就職しただけである。公務員も人間である以上、年金が支給されるまでは食いつながないといけない。必死で職探しをするのはごく自然とも言える。

この再就職者数をどう評価すればいいのか？　退職者数で割れば割合はわかるが、若年の離職も多いため、それほど大きな割合があるとは思えない。参考までに述べると、「朝日新聞」（２０２０年11月4日付）が退職手当のデータから分析した２０１６年度については、退職者約２万１０００人の58％に当たる約１万２４００人が定年で退職したと言われているので、この数字を分母にとると約10％が再就職を果たしている。公表されているのはあくまで管理職以上の再就職であるため、残りの90％がどうなっているのか定かではないが、管理職でさえ再就職先を探すのがそれほど容易ではないことを考えると、退職金で何とか食いつなぐか、コネか縁故かを探って再就職を果たすという姿が浮かび上がってくる。

23年は、国交省の天下り疑惑が世間を騒がせただけに、未だに、官僚の天下りは話題にはなるが、官僚全体で言えば、天下りという現象は壊滅しつつある。それを端的に現すのが定年退職者の増加である。

既述したように天下りを生み出す大きな要因は、早期退職勧奨である。ポスト数が限られている中、キャリア官僚のプライドを傷つけることなく、若手を昇進させるために間引きする。その代償が天下りであるが、勧奨退職が13年の国家公務員退職手当法施行令の一部改正で廃止されたこともあり、もはや、そんな代償を与えている余地がなくなったということである。

実際、人事院の「公務員白書」（平成27年度）によると、管理職員や幹部職員の平均年齢は大幅に上昇している。例えば、わずか10年で指定職（わかりやすく言えば局長クラス）の平均年齢は2歳近く上がっている（05年54・8歳→15年56・4歳）。わずか2歳と捉えない方がいい。指定職は官僚の出世レースの最終コーナー。そこが2歳上がっているということは、課長に昇進する年齢も遅いこと、ポストが限定されていることを考えると課長になれないケースもあるということだ。最悪の場合、キャリア官僚でありながら、本省課長になれず、閑職か激務でこき使われて60歳の定年まで勤め上げた挙げ句、再就職先がないというはめになる。

天下り規制は、人事や人事慣行にも大きな影響を与える。その軋轢は昇進に現れるということだ。実際、この状況に不満を爆発させる人が増えているのか、キャリア官僚による訴訟まで起きている。「朝日新聞」（2013年9月25日付）によると、農水省の政策情報分析官

（東大法学部卒）が課長を経て分析官になった結果、給料が約2割減ったことから、不当降格として提訴したという。記事中でも指摘されているように、天下りを廃止する一方で、省内に納得できるポストが用意できないことや、民間企業のように降格や減給ができない硬直的な人事システムが、提訴の背景にあることは自明だ。

天下りなど夢のまた夢。そうなると、優雅な天下り先を確保するというよりは、何とか定年まで勤め上げるというのが現在の官僚の哀しきホンネであり、役所もそこに重点を置いている。それが端的に表れているのが、独立行政法人への現役出向である。かつては特殊法人や独立行政法人の理事や理事長と言えば、局長や事務次官クラスの天下り先で、天下りカーストのトップだったが、今や大半のポストが現役公務員で占められている（図表3－2）。

現役出向が増えるきっかけを作ったのは、天下りをあれだけ嫌っていた民主党政権であるのは興味深い。民主党の鳩山政権は初閣議で決定した基本方針で天下りを全面的に禁止するなど、公約通り厳しい姿勢を示した。具体的に言えば、独立行政法人および特殊法人の役員人事について、天下りを抑止し、公正で透明な人事を断行するために公募によることを定めた。これは非営利法人を主な天下り先としてきた霞が関には大打撃だった。

ただ、この厳しい姿勢は一過性のものだった。発足してからたった1ヶ月後の10月には、

図表3−2 独立行政法人等の役員に占める退職公務員数の割合（常勤）

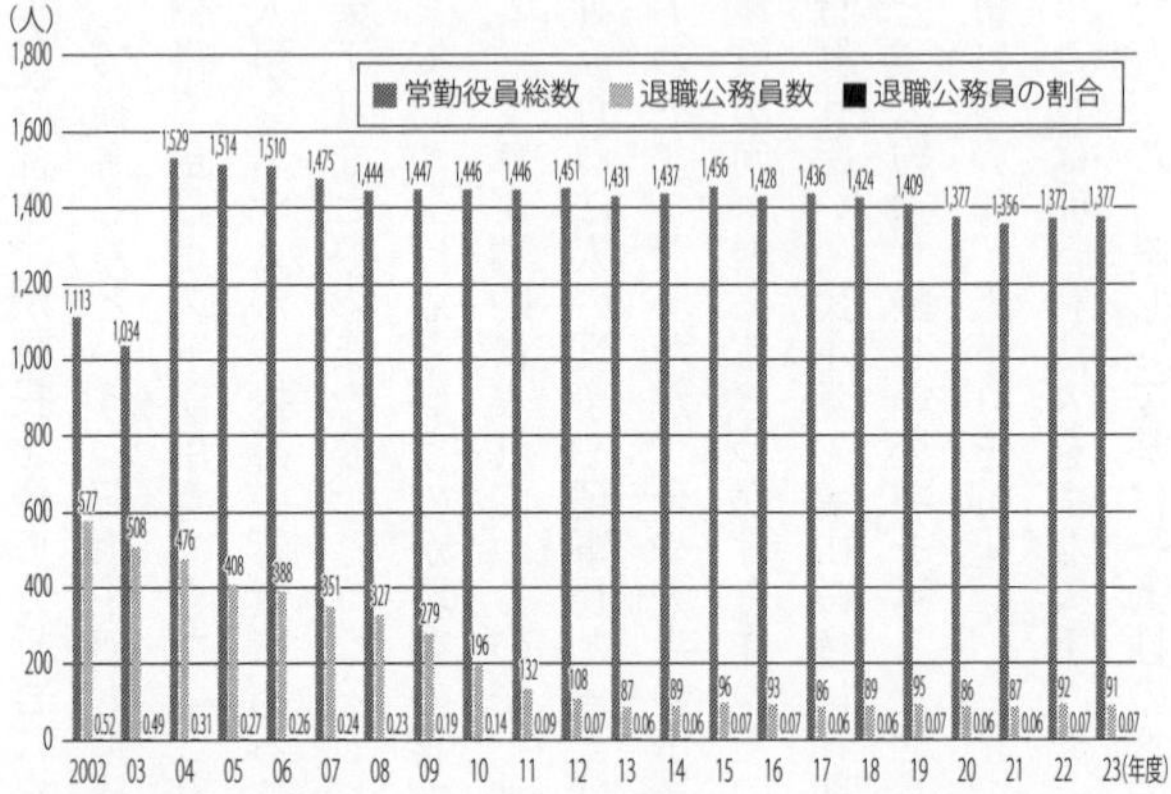

注）2002 年の対象は独立行政法人、特殊法人、認可法人、特別の法律により設立される民間法人となっているが、04 年以降は、国立大学法人・大学共同利用機関法人が加わっている。06 年以降は、ここに日本司法支援センターが加わっている

元大蔵事務次官を日本郵政社長に起用するなど矛盾した態度をとって批判された。続く菅直人内閣では、閣議決定した退職管理方針において、現役職員が独立行政法人等に出向した場合には公募対象とはしないとした。あれだけ天下りを批判していたものの、いざ政権を担当すると、天下りと人事慣行が露骨に絡み合っていることを痛感し、苦肉の策として現役出向を認めたということだ。

天下りが禁止されているのであれば、退職が目前に迫った官僚を外郭団体の理事に出向させ、数年後に本省に呼び戻せば、即座に定年退職の年齢になる。何とか面子が保てる。こうやって苦肉の策で編み出された制度が、今なお続いているのである。

内閣官房の公表資料の中では、再就職先とそのポジションの他に、離職時の年齢も公表されているが、多くの人が60歳近い。事務次官クラスの場合には60歳以上も時折みられるくらいである。

また、公表されている離職時のポジションには「大臣官房付」という名称が目立つ。不祥事を起こした官僚、次の行き先が未定の官僚などの待機ポストとして「大臣官房付」というのは使われるが、かつてはそれほど目につくものではなかった。

これにはいくつかの背景が考えられる。独立行政法人への天下りを分析している原田（2018）は、独立行政法人へ現役出向した者がその後、本省などに復職しているかどうか等、個々人の経路を辿るという興味深い分析をしている（調査対象は10年度〜14年度）。それによると半数以上は復職し、事務次官などに昇進した者もいるという。一方で、半数近くは独立行政法人から戻った後、官房付への復職直後の退職、死亡、不明等だとしている。独立行政法人だけでなく内閣官房などにも出向者が激増していることを考えると、出向先から戻って即座に定年を迎えて退職するケースも相当数あることが推測される。

人事が詰まっているために、最終ポストとして処遇できるポジションがないことも影響しているだろう。内閣官房の公表資料では事務次官、外局の長、局長クラスの再就職先はみられるが、本省課長というポジションで離職して再就職するというケースは比較的少ない。地方の出先機関をどれだけ抱えているかなど役所により事情は異なるが、若手官僚を早く昇進させ経験を積ませる必要があることなどから、ポスト数の少ない本省課長として処遇した上で退職させる余裕がなくなっているのでは……そんな事情が推測される。

老後はすべて個人の力量次第

天下りが規制されてからの二つ目の変化は、老後はすべて個人の力量次第ということだ。これまで天下りには成果主義の要素が強く貫かれてきた。官僚トップである事務次官は格上の天下り先とポストが与えられる。典型的には、かつての大蔵省（財務省）事務次官経験者だ。政府系金融機関総裁を歴任してから日銀総裁に君臨するのは黄金コースと言える。それに対して課長クラスで退官した者には、相応のポストしか用意されていない。退官した後の一度目の再就職を「天下り」と呼ぶのに対して、二度目以降の再就職を「わたり」（渡り鳥のように住処を求めて、さまざまな場所を転々とすることから名付けられた）というが、事務次官や局長経験者になると、わたりを繰り返して、相当の高齢になるまで一生現役という者も多い。

このように退職時のポジションが上であればあるほど、格上の天下り先があてがわれる。これは必ずしも給料など待遇面だけを意味しているわけではない。どちらかと言えば、組織の格と役所との距離感だ。第三者からみれば一流企業の社長の方が偉くみえるかもしれないが、役所の世界では独立行政法人の理事長の方が格上ということだ。

いずれにしろ、独立行政法人や特殊法人への天下りがなくなった結果、この天下りカーストは完全に崩壊しつつある。もちろん、財務省においては事務次官経験者が政府系金融機関のトップに就任するなどのカーストを思わせる動きはあるが、その一方で、事務次官でさえ一介の大学教授として第二の人生をスタートするなど、天下りの個々人化はものすごい勢いで進んでいる。

裏を返せば、玉突き人事のようなものは減りつつあるということである。みつかれば違法ということもあり、官房人事課などによる天下り斡旋は消滅しつつあると考えられる。2023年に世間を騒がせた国交省の天下り疑惑のように、大物ＯＢが天下りシステムの中心に君臨し、公益法人や民間企業などのポジションを差配するという精巧なシステムが残存していることは確かだが、そのスケールは小さく、盤石な制度になっているとは考えにくい。天下りシステムを差配している大物ＯＢが存在するとして、差配できる組織や人が相当縮小していると考えられる。

例えば、経産省からの天下りについては、OBが介在している予定調和ではなく、OBが変幻的な動きをしたり、受け入れ先の思惑でトラブルが発生していることを報じる記事の方が目立つくらいだ。例えば、『選択』(2018年7月号)は、OB再就職の世話役が元事務次官の北畑隆生氏から同じく元事務次官の望月晴文氏へと代わったことなど、経産省にも国交省と類似の天下り裏ネットワークが存在していることを報じているが、その他の同誌に掲載されている記事をみてみると、大手民間企業に天下ったOBが容易に辞めないとか、民間企業側にとって意中の人物が天下れないとか、官僚OBに責任を負わせるために役員に昇進させているとか、予定調和ではない動きを報じるものの方が多い。常識的に判断して、天下る者が全員納得した上での玉突き人事が行われているとは想像しにくい。もちろん、これは我が道を行く個性派の多い経産省独自の現象という見方もできないわけではない。だが、第三、第四の再就職先が保証されないのであれば、役所や世話役の元事務次官に素直に従う義理などないだろう。

それでは、秩序だった成果主義が崩壊した天下りには、どういう特徴がみられるのだろうか?

少なくとも、二つの大きな特徴がある。一つ目は、天下り先のある役所とない役所では雲泥の差が出ていることだ。かつてのように独立行政法人や特殊法人の理事に収まるという共通項が消滅しているのだ。

二つ目は、個々人の差がはっきりしていることだ。天下り先のある官僚とない官僚で、老後の生活は天と地の差がついている。

まず、一つ目から解説することにしよう。

例えば、筆者の古巣の厚労省の場合、それほど優雅な話は聞かない。定年後も嘱託で役所に残っているとか、退職したが天下り斡旋禁止で、とにかく数年間は退職金で食いつなぎ、OBから声がかかるのを待つという声をよく聞く。OBから声がかかるのだから天下りじゃないかという批判はあるかもしれない。だが、数年も声がかからず、年金支給開始年齢まで待つ恐怖感はどんなものだろうか？

その一方で、経産省や金融庁は華麗に民間企業への転身を果たしていく。一社で数千万円にもなる社外取締役を数社も兼ねる官僚もいる。同じ老後でも格段の差がついている。

なぜ、各省間でここまで差がついたのか？　独立行政法人や特殊法人というテッパンの天下り先が消滅したのが最大の理由だ。依然として規模の大きい外郭団体は残っているが、理事長や理事クラスのポストはそれほど存在するわけではない。内閣官房の資料をみると、地方の出先機関の管理職は公益法人に天下っている事例が目立つが、本省勤務者の場合は独立行政法人や特殊法人だけでなく公益法人に再就職する者も多数派にはなっていない。

官僚が頂点に君臨した昭和の高度経済成長期や安定成長期、その再就職は優雅だった。衆議院議員から総理大臣に上り詰める者、巨大民間企業の社長クラス、日銀総裁などきら星の如くだった。平成に入り、批判されるようになると、天下り先は内向きなものに変わっていき、独立行政法人、特殊法人や公益法人など役所と密接な関係にある外郭団体が主流になった。民間企業は激しいグローバル競争に巻き込まれ、マーケットで生き抜けるかどうかが主題になる中、官僚などいくら地位が高くてもお呼びではなくなったということだ。

その結果、天下りの岩盤は外郭団体になったが、90年代後半以降の行政改革や天下り斡旋の禁止の結果、その岩盤に亀裂が入ったということだ。その余波の大きさで、各省間や個々の官僚間で大きな格差が発生しつつある。

勝ち組は変わらず経済官庁と利権官庁と……

ここで「勝ち組」の動きをみてみよう。かつての天下り規制の対象は、人事院規則に基づく民間企業への再就職だったが、その撤廃が決まった時から予想できたとはいえ、民間企業や経済界との接触が多い経済官庁の再就職は優雅なものになった。その典型が経産省だろう。『週刊東洋経済』（2021年7月10日号）は、経産省出身で社外取締役を兼任している者のランキングを公表している。それによると、元事務次官の北畑隆生氏が4社、同じく元事務次官の立岡恒良氏が3社である。この記事でも指摘されているが、経産省はガバナンスにうるさく、社外取締役の兼任を是認していないにもかかわらず、官僚トップの元事務次官がこれだけ兼務している。経産省出身者の天下り先には、著名企業の名前が並んでいるところをみても、斡旋は禁止されるが、官民問わず、能力本位の再就職は自由というスキームにおいて経済官庁は明らかな勝ち組である。

かつて天下りの王様の観があった財務省も勝ち組だ。かつての財務省は政府系金融機関の総裁から日銀総裁へと華々しい転身を遂げるだけでなく、その後も一体何歳まで働くのかというくらいに官民のさまざまなポストが用意されてきた。お金の動きを一手に握り、予算を通じて他省庁にも影響を与えうる財務省パワーを体現した動きだった。

現在はここまでの栄華はみられないし、公表資料からも経産省ほど目立った動きは感じられないが、「朝日新聞」（2014年1月5日付）が、政府系金融機関トップ（日本政策金融公庫、国際協力銀行）に財務省出身者が復活していることを報じている。その一方で、必ずしも財務省のコネクションだけで再就職しているわけでもない。例えば、大物事務次官と言われた勝栄二郎氏の場合、インターネットイニシアティブ社長に就任している。分析の難しいところではあるが、経産省のように派手な行動を慎むこと、黒子に徹する手堅さ、やはり官僚の中でも能力が図抜けていることなどから、再就職にはそれほど苦労はしない。そんな姿が浮かび上がる。

許認可や利権と絡んだ印象が強い国土交通省も勝ち組だ。国交省の場合、旧建設省と旧運輸省に分けて観察すると、さまざまなものが露骨にみえてくるかもしれない。旧建設省も巨大な外郭団体やゼネコンなどと接点が強い役所だが、従来から、幹部クラスでは建設業界への露骨な天下りは見当たらなかった。その一方で、道路公団など巨大な外郭団体を根城に強固な天下りシステムが築かれていた。天下り規制後、これが復活しているのが旧建設省の大きな特徴だと言っていいだろう。都市再生機構理事長、首都高速道路社長に国交省ＯＢが就くという人事が復活している他（２０１６年7月の各種報道）、２００５年の橋梁談合事件で工事などの受注企業への再就職自粛ルールを作っていた東日本・中日本・西日本の高速道路三社も13年にそのルールを緩和し、関係の深いゼネコンに再就職している（「朝日新聞」２０

15年10月1日付)。従来から旧建設省→道路公団→関連ゼネコン→建設会社へ続く天下りの連鎖のようなものがみられただけに、旧建設省の場合も財務省と同様、したたかな動きは水面下で進行中とも想像できる。

旧運輸省の場合は、23年の天下り疑惑でも露呈したように、陸・海・空の運輸業界への強い許認可権を背景に、官民問わず、豊富な天下り先を確保している姿が浮かび上がる。本田勝氏の東京メトロ会長の他、16年には旧運輸出身の国交省事務次官である春田謙氏が新関西国際空港社長に就任したことが「天下り人事復活」と大きく報じられた。許認可権限の影響が大きい事例として、『選択』(2020年2月号)は、天下りを受け入れないという方針を変えたスカイマークが増便という悲願を達成したと報じている。

旧郵政省も同様だ。特定郵便局、許認可権限の強い電波や電信などの業界を抱えることもあって、霞が関では序列が低いと言われながら、天下り先は豊富にあった。あれだけ大騒ぎになった郵政民営化にしても、当初は民間出身者がトップについたが、現在はグループ4社のうち3社のトップが官僚出身者になっている(「日本経済新聞」2023年4月20日付)。また、NTTや衛星放送事業者からの違法接待や情報漏洩などの不祥事があって更迭された幹部も、NTT系の企業や団体に再就職を果たしている(『選択』2022年8月号)。その他にも、第四の携帯電話事業者をめざす楽天グループが総務省ＯＢの受け入れに積極的だと言われるなど（『選択』２０２２年5月号）、許認可と深く絡み、規制の方向性次第で事業が大きな影響を受けるだけに、情報通信企業にとって旧郵政官僚がどれだけ貴重かを如実に示している。官僚側から言えば、再就職先には苦労しないということになる。

最後に、マスコミから批判されることは少ないが、警察や検察を中心とした法務も天下り先には事欠かない。警察の場合、特定地方警務官という都道府県警に勤務する幹部の再就職先も公表されているが、バラエティに富んでいる。コンプライアンスが重視される世の中になっていること、暴力団など暴力事案から身を守るための用心棒としての役割など、警察や検察に対するニーズはいつにも増して強くなっていると考えられる。

その一方で、農水省、厚労省、環境省の場合、退職後の老後は厳しいとみなしていいだろう。これらは従来から民間との接点が薄く、許認可権限の及ぶ業界があまり多くない、産業構造の変化から業界が衰えているといった事情を抱えていることもある。

企業顧問、大学教員、社外取締役……当世天下り事情

二つ目に、各省間以上に大きな差が広がりつつあるのが個々人間である。能力やコネクシ

ヨンを利用して再就職できる者と、真面目に働き続け定年退職になった途端、行き先がみつからない者に二極化しているのだ。

天下りの個々人化を示す事例として、以前からみられるものは、資格を活用した第二の人生である。再就職先の比率を２００９年度から22年度まで各年度を算出してみると、自営業が常に10％を優に超えていることがわかる。具体的には、国税庁出身者の税理士、検察出身者の弁護士、特許庁出身者の弁理士などである。最近では、数少ないとはいえ、法曹資格を持つ本省幹部クラスが弁護士事務所で再出発（開業、事務所就職）したり、個人事業主として事務所を開いたりする事例も見られる。例えば、『選択』（２０１９年９月号）は、金融庁長官がコンサルティング会社を設立し、さまざまな企業から委託を受けてビジネスをしていると報じている。自ら個人事業主として稼ぐのであれば、天下り先での報酬で腹の内を探られることもない。

もう一つは、民間企業の顧問と社外取締役という肩書きで活動する者と、大学教員として第二の人生を送る者が増えていることである。

まず顧問や社外取締役に関してみてみよう。「朝日新聞」と東京商工リサーチが分析したところ、17年３月末の東証一部上場企業約２０００社で社外取締役はのべ約５０００人にのぼったが、そのうち官公庁や日銀OBは480人いたという（『週刊朝日』2018年6月8日号）。約1割だが、「朝日新聞」が主要企業225社を調べたところ、86社で延べ106人と全体の2割弱を占めたという（2015年6月27日付）。実際、内閣官房公表資料をみても、社外取締役に就く高級幹部の事例が目立つ。極端な言い方をすれば、かつての独立行政法人理事長に代わって、事務次官や局長クラスの最高位の天下り先になっている感さえある。実際、それに相応しい待遇でもある。企業によっては2000万〜3000万円の報酬を出すところもあると言われ、一人で数社を掛け持ちする官僚OBもいるからだ。

企業顧問も同様である。特に目立つのが保険会社の顧問だ。『週刊東洋経済』（2022年2月26日号）は金融庁を中心に生命保険会社へ官僚が天下っている現状を描いているが、内閣官房が公表している資料をみると、損害保険会社顧問への天下りも目立つ。

なぜ、保険会社はこれだけの官僚を受け入れるのか。法律など規制の枠組みが大きく変化した際に対応するためというのがオーソドックスな理由だ。どこの業界でも同じだが、ルールが変わる時に、官僚OBに依頼して規制を緩めたり、自分たちに有利にしてもらったり、事前に情報を得たりするわけだが、それだけでは説明がつかなさすぎる。規制で揺れ動くのは保険業界に限らないからだ。

実態は複雑だと考えられる。多くの公務員を保険に勧誘したいというダイレクトな動機もあれば、筆者が実際に見聞した事例は学生時代からの知り合いが、純粋に第二の就職先として声をかけてくれたというものだったし、保険会社はタニマチ的に余裕があるという事情もあるが、おそらく、さまざまな業界と関わり合っていることが大きな理由だと考えられる。地方で経営者が集まる講演会に呼ばれると、事務局機能を保険会社支社が果たしていることがある。保険に業界の垣根はない。金融と同じようにさまざまな業界に適応できるように、役立つかどうかわからないが、用心棒として官僚OBを迎える。そんな感覚が実態に近いのではないか。不可思議なのは、そんな曖昧な動機であるにもかかわらず、顧問の報酬が1000万円程度であるということだ。やはり保険会社の余裕の表れだろう。

次に大学教員への再就職者についてみてみよう（図表3－3）。わずか10％にも満たないとは言えないだろう。誰でも大学教員になれるわけではないことを考えると、相当の比率だ。しかも驚くべきは、官僚カーストのトップに位置する事務次官が大学教員になっていることだ。いずれにしろ、天下りの性質が変化する中、歓迎すべき傾向だ。

筆者自身、公募で大学教員へと転じた。経験者として言えば、大学教員と官僚の仕事には親和性がある。さまざまな文献を読み込み、データなどで仮説を実証する。論文を書くこと

図表3−3　大学教員等として再就職した者の割合

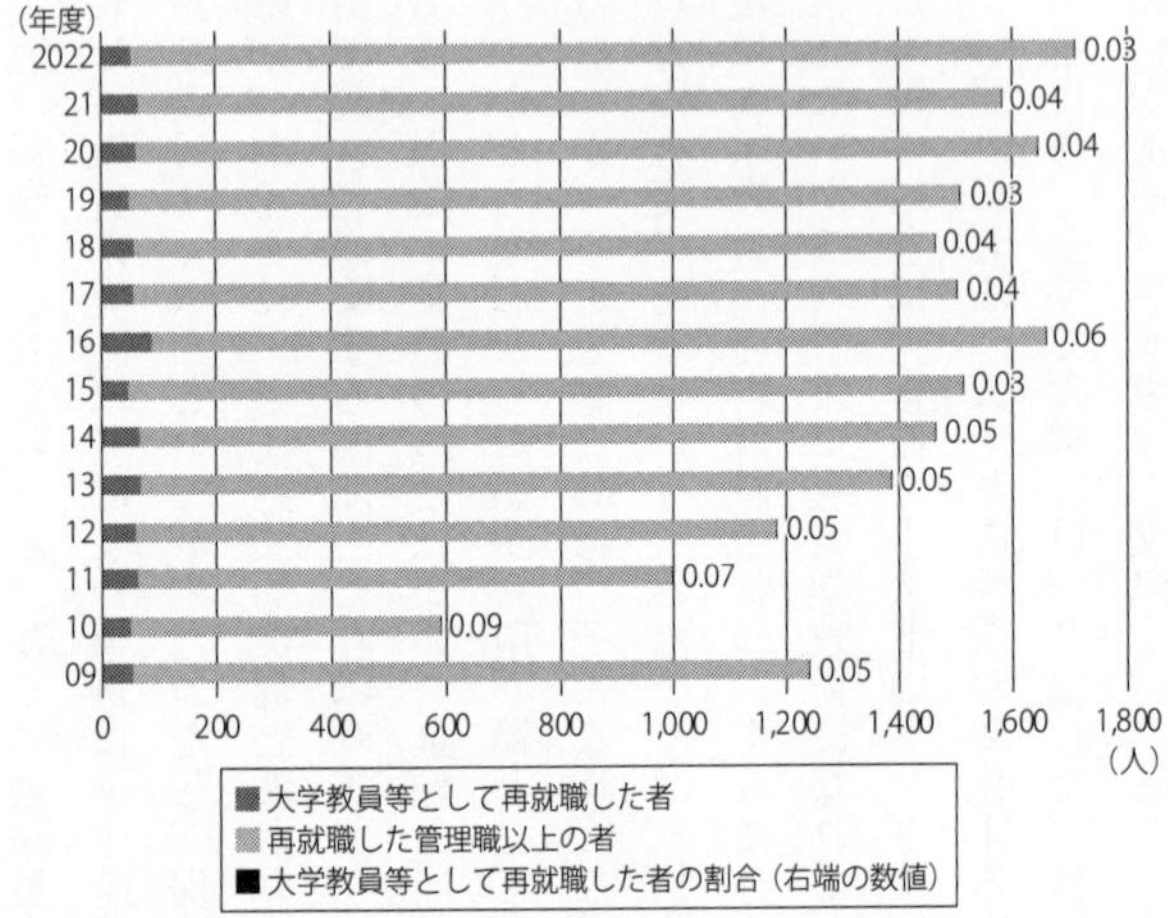

注）①特定地方警務官から教育・研究関係に再就職する者はいるが、その数は非常に少ないことなどから、分母は管理職以上の国家公務員数をとっている
②再就職先の業務内容が「教育・研究」となっている者を中心にしている
③再就職先が「大学」となっている者を基本にしている。そのため、「教育・研究」と標記されていても、大学共同利用機関法人を除き、再就職先が専門学校、独立行政法人、民間研究所やシンクタンクは除かれている。なお、国外の大学についてはカウントしているし、大学の学部ではなく研究所所属でもカウントしている
④同一人物が複数の大学に勤務している場合は複数とカウントしている
⑤非常勤、常勤、あるいは、特任、客員などに関係なく、大学に再就職した者をカウントしている
⑥「教育・研究」となっているが、肩書きが「特任研究員」「シニアフェロー」「客員研究員」など研究に特化している者もカウントしているが、「フェロー」については当該者の経歴などからも判断している。また、産学連携コーディネーターについても前職・職名などから教育・研究的側面が強いと判断される場合はカウントしている
⑦「学長」「副学長（副学院長）」と明記されている者については、教員職としての実態はわからないが、学務に従事していると見なしてカウントしている
⑧再就職先の内容が「教育・研究」となっていても、文科省の再就職者が多い、学長補佐、補佐、顧問、参与、アドバイザー、理事、事務局長、キャリアセンター長、職員などマネジメント系統に属すると判断した役職についてはカウントしていない研究支援などについては当該人物の最終ポジションや役職、部署名等から判断して計上の可否を検討している
⑨あくまで内閣官房提出資料に基づいて判断している（業務実態がわからない）ため、実質的な業務を加味した場合などは、大学教員としてカウントされる者の数が変動することがあり得るし、民間研究機関などは除外しているため、研究・教育の中身をどう解釈するかで数字の変動があり得ることを付言する

と企画書を書くことは似ているし、基本的に官僚は受験勉強の勝者でもある。その気になれば、いくらでも学者に転じることはできる。そんな自信を持っている者も多いと思う。また、大学側が実務経験者を求めている事情もある。文科省も実務家出身者を重視している。筆者自身、現役公務員に特別講義を依頼したりもしている。

実際、大学教員として第二の人生を送ろうと目している官僚が多いのか、あるいは、筆者のように転職を画策しているのか、博士号を取得する官僚は増えている。「日本経済新聞」（2023年1月27日付）によると、国家公務員の博士号取得者が22年4月1日現在で2274人だったという。全体のおよそ3分の2にあたる1500人が入省前に博士号を取得していたというが、仮にこの1500人を研究職だとすると、700人以上が在職しながら博士号を取得したことになる。正直、ものすごい数だと思う。おそらく、官僚として仕事を続ける中で、再就職を含めて身の振り方に不安を覚えて、何らかの形で、働きながら大学院に通い直す者が増えているのではないかと推測される。

ちなみに、当たり前のことかもしれないが、大学教員になるためには博士号取得が有利だということは、ある程度は霞が関に知れわたっていると思う。それを反映しているのか、大学名を問わず博士号を持っているか否かが重要だということが自明になって以来、かつてと違って東大での博士号に必ずしもこだわらない官僚も増えたと思う。逆に言えば、それほど切羽詰まっているということだ。

今後、霞が関を忌避する優秀な学生を集めるためにも、官僚は学者に転じやすいということを、政府はもっと宣伝したほうがいいだろう。それだけでなく、学者に転じるための機会や土台を提供することも重要だ。官僚を魅力ある職業にしている数少ない福利厚生である、人事院行政官長期在外研究員制度（官費留学制度）に加えて、研究休職やサバティカルのような一定期間の長期休暇制度、大学教員として大学へ出向する機会などを設けることだ。その上で、人事異動期間を長くしたり、人事での希望を重視すること。スタッフ職の底上げなどを図りながら、特定分野での実務と研究を積み上げたい官僚には、そういった希望を認めることである。

ただし、年功序列で権威主義に慣れきったパワハラ系官僚には、大学教員という職業をお勧めしない。大学教員は気楽と言えば気楽だが、一人ですべてをこなすという意味では過酷でもある。年功序列の文化が依然として根強いゆえに、若い先生は年輩の教員に気遣ってくれるような優しさがあるとはいえ、基本的に業務は平等に回ってくる。時折、ぼやいている年輩の教員がいるが、筆者はおかしいと思う。大学教員の世界は個々人が単位の世界だ。それを受け入れて転職している以上、上下関係や年功序列という概念はリセットして臨むべきだ。

本節を締めくくるに当たって、天下りのカースト崩壊と個々人化の一例として、警察庁長官の再就職先をみてみよう。極端な言い方をすれば、警察庁長官は死ぬまで威厳を保たなければいけないポジションだ。農水省の元事務次官が息子を刺殺するという事件があったが、仮にあれが警察庁長官経験者だったら、どうなるだろうか?……同じ官僚トップでも重みがまったく異なることはわかるだろう。

しばしば、警察はパチンコ業界との癒着が囁かれ、役員として天下る者も多いが、警察庁長官の場合には、そう単純にはいかない。そんなこともあって、かつての天下り先は世間にはあまり知られていない質素だが堅実な公益法人の長が多かった。だが、ここ最近は**図表3－4**をみてもわかるように、かつては考えられなかったような天下り先が増えている。

現在の天下りスキームは機能しているのか?

現在の天下りスキームは機能しているのだろうか? 既述したように、現在の規制は、天下りの本質を各省（組織）による斡旋とみなし、それを禁じた上で、事前規制を撤廃し、能

図表3－4　歴代警察庁長官の再就職先一覧

年度	氏名	再就職先	地位
2009	吉村博人	日本生命保険相互会社	顧問
2010	吉村博人	警察共済組合	理事長
2011	安藤隆春	三井住友海上火災保険株式会社	顧問
	同上	株式会社ニトリホールディングス	顧問（非常勤）
2012	安藤隆春	学校法人国際医療福祉大学	顧問
2013	安藤隆春	セレモアホールディングス株式会社	顧問
	片桐裕	株式会社損害保険ジャパン	顧問
	同上	東京商工会議所	顧問
	同上	日本商工会議所	顧問
2014	片桐裕	学校法人東洋大学	非常勤講師
	同上	第一三共株式会社	社外監査役
2015	米田壮	東京海上日動火災保険株式会社	顧問
	同上	株式会社日本取引所グループ	社外取締役
2016	金髙雅仁	警察共済組合	理事長
	米田壮	一般社団法人ドローン操縦士協会	理事（非常勤）
2017	該当者なし		
2018	坂口正芳	日本生命保険相互会社	特別顧問
2019	坂口正芳	一般社団法人日本自動車連盟	副会長
	同上	日本硝子株式会社	監査役（社外）
2020	栗生俊一	ＡＮＡホールディングス株式会社	顧問
	同上	アスパラントグループ株式会社	顧問
	同上	三菱電機株式会社	顧問
2021	栗生俊一	内閣官房	内閣官房副長官
2022	松本光弘	国立研究開発法人宇宙航空研究開発機構	顧問
	同上	第一三共株式会社	社外監査役
	同上	三井住友海上火災保険株式会社	特別顧問

出所）内閣官房・総務省発表資料をもとに作成
注）内閣が毎年度公表するようになって以降のものを取り上げた

力本位の再就職は認めながらも、働きかけを禁止するなどの事後規制を徹底するという枠組みになっている。

不祥事が起きる度に、もっと厳しい措置をとるべきだとマスコミは吠える。文科省の天下り事件後の「朝日新聞」（２０１７年12月22日付）の社説は、従来のように離職後２年間は密接な関係にある企業への再就職を禁じる規定を復活させるべきと主張している。

それでは、翻って、天下りに絡んだ不祥事はどれだけあったのか？

天下りを監視している内閣府再就職等監視委員会は、ウェブサイトで違反が疑われた事例を公表しているが、件数としてはそれほど多くない。天下り斡旋が禁止されて以降、目立った不祥事は２０１７年の文科省と今回（23年）の国土交通省の２件の他には、公正取引委員会元事務総長の違反行為事例（23年）、文科省の天下り違反事例およびその関連で行った全省調査とそこで発覚した違反事例（17年）、消費者庁元職員による違反事例（16年）、国土交通省職員による違反事例（13年）にすぎない。

ここでは、改めて文科省の事例を簡単に振り返っておこう。事件の発端は17年１月、元高等教育局長の早稲田大学教授への天下りが発覚したことだった。ここから組織ぐるみの天下り斡旋をしていたことが、続々と明らかになっていった。

違反事例の枠組みとしては二つにまとめられる。一つは古典的な違反で大臣官房人事課が現職局長の天下りを斡旋していたということ。もう一つは、大臣官房人事課が自ら斡旋を行わずに、OBを介して斡旋を依頼していたことである。元人事課職員であった嶋貫和男氏が設立した法人を拠点にして、嶋貫氏が人事課に求人情報を、同課が嶋貫氏に人材情報を提供し合っていた。当初、嶋貫氏は文科省に依頼されて再就職の斡旋をしているわけではなく、あくまでボランティアでやっていると証言していたが、文科省内の調査で、嶋貫氏が個人で実施するよう偽装することを示し合わせたり、嶋貫氏に相当額の資金を事実上提供していることなどが発覚するに及んだ。

OBを介在させた複雑なシステムを構築していた場合、本当に見抜けるものだろうか？文科省の事例のように、OBとの口裏合わせを言い逃れできないような資料が残っていればいいが、そんな墓穴を掘る役所はまずない。

実際、23年末に発表された国土交通省の天下り疑惑に関する調査に関して言えば、再就職等監視委員会は膨大な客観的証拠（メールログ100万件超など）に基づく事実関係の確認や関係者への証人喚問などを行ったものの、結論としては再就職規制違反は認められなかったとした。報告書の通り、天下り斡旋に国交省が関わっていたとは思えないが、疑問も残る。

例えば、現役職員が人事異動表や線引きをOBに送っていた件に関して十分に調査しきれているとは思えない。たしかに斡旋とは考えにくいが、不可解な行動であることはたしかであるにもかかわらず、踏み込んだ調査が行われているとは思えない。

例えば、人事異動表などが再就職援助に参考となる退職時期を把握するために使われているとして調査したものの、職員にはそういう認識が認められないとあっさりと言い放っていることなどがそうだ。具体的には、職員はOBに送信しているという認識が認められなかったと報告書では記されているが、そんなことが信じられるだろうか？　アドレスが少しでも目に入れば部外者に送っていることは誰でもわかるし、それがOBだと誰だって容易に想像がつく。

そう考えると、規制の網をかいくぐるための巧妙な天下りスキームはこれからも後を絶たないだろう。例えば、「朝日新聞」（2015年8月3日付）によれば、経産省のケースでは自らが所管する独立行政法人理事長に人材を出した企業グループに、経産省OBが役員や顧問として再就職するケースが相次いでいる。つまり、民間企業と天下り先をバーターしあってごまかしているというわけだ。証拠がなく不祥事になっていないとはいえ、胡散臭いものを感じるのは筆者だけではあるまい。

もう一つ事例をみてみよう。『選択』（2015年1月号）は、日本養鶏協会に再就職した農水省OBは、政府の規制によって専務理事の肩書きを持っているものの非常勤無報酬として処遇されていたが、実際には、同協会と同一住所にある鶏卵公正取引協議会の専務理事を兼任し、こちらから約1200万円の報酬を受け取っていたと、報じている。

罰則や監視の体制は十分なのか？

問題が起きる度に、天下りを規制するスキームは機能しているかどうかが議論になる。批判する側はもっと厳しいものに変えろと主張するのだが、当初から天下りの規制には難しい側面がある。その理由はいくつか挙げられるが、たとえば、そもそも天下りと再就職は紙一重であり、それは官民通じて変わらないこと、昨今は人手不足や産業構造の転換の必要性からも、人材の流動化はむしろ求められること、過度な再就職の規制は職業選択の自由を侵す可能性もあること、等々である。

例えば、不祥事が起きる度に言われるのが、現役職員のみならずOBによる斡旋も禁じるべきだという議論だが、OBは退職していて、国家公務員の身分を持たない。そんな者にまで過度な規制を課すことができるのだろうか。いや、できたとしても、それは正しいことなのだろうか？　そもそも、官民問わず、先輩のコネクションで就職するのは一般的な行為だ。民間企業で働くビジネスパーソンにしても、みんながみんなテレビで宣伝されているような人材関連会社に登録して、転職するわけではないだろう。よほどの組織ぐるみになっていない限り、退職して民間人になった元公務員に国家公務員法で縛りをかけるのが適切だとは思えない。

あるいは、再就職先を官民ともに規制する。その期間を2年間から5年間に延ばすという案もしばしば提示されてきたが、5年間も働けない期間があると、公務員はどうやって生きていけばいいのだろうか？

どちらも現実的とは思えない。人権に関わっている気さえする。官僚は人間と思われていないのか、反論しないから何を言ってもいい、どう扱ってもいいと思っているのか。天下り疑惑が世間を騒がせる度に、こういう極端な規制案を叫ぶ国会議員が出てくるのには呆れかえってしまう。

その一方で、現行の規制枠組みにどういう課題があるのかについては、それほど議論が深まっていない。

まず、罰則が適切かどうかだ。再就職の斡旋、現役職員の求職活動規制違反については懲戒処分（場合によっては3年以下の懲役）という重い罰則が科されている。また、働きかけ規制についても同様に過料、懲役または罰金が科せられ、実際に適用するかどうかは別にして、一罰百戒的な重みはある。

ただ、現在のスキームができた時から問題となっていた、再就職等監視委員会が機能しているかどうかは心許ないところがある。

ウェブサイトなどから再就職等監視委員会の権限などを再確認しておこう。再就職等監視委員会は、再就職等規制に違反する行為を行った疑いがある場合には、当該違反行為について、まず任命権者が調査を実施することを前提にした上で、①必要があると認めるときは、再就職等監視委員会が任命権者と共同調査を実施し、②特に必要があると認めるときは、再就職等監視委員会が自ら調査を実施できることとされている（国家公務員法第106条の16～20等）。

任命権者または委員会による調査の結果、違反行為の事実が認められた場合には、任命権者による懲戒処分等の措置が取られることとなるが、再就職等監視委員会は、調査結果から、適当であると認められるときは、任命権者に対して、懲戒処分等の措置を行うべき旨の勧告を行うことができる（国家公務員法第106条の21）。

これらをまとめると、証人喚問、書類提出要求、調査対象への質問、立入検査という調査権限を持っているということになる。一見すると、規制機関に相応しい権限を与えられていると思われる。その反面、即座に思い浮かぶのが組織としての脆弱さだ。委員長は常勤であるものの、残りの委員4名が非常勤であることや、事務局機能が手厚いとは思えないことから、規制機関としては不十分だという議論は今なお絶えない。

権限があるとはいっても、見ず知らずの役所に入っていって調査をすること自体が非現実的な想定だとも言える。東京地検と比べるのは酷だとして、霞が関で再就職等監視委員会を鬼平犯科帳のように恐れるなど聞いたこともない。つまり、与えられた権限を使って縦横無尽に振る舞うような体制にはなっていないし、その権威も風格もない。

もちろん、めったに起こらない不祥事に対応するために、稀少な公務員リソースを振り分ける必要はないという考え方もある。ただ、脆弱な体制である限り、誰も再就職等監視委員会を天下りを監視する守護神とはみなさないだろう。例えば、国交省前事務次官の宿利正史氏が同省の天下り斡旋に関わったと再就職等監視委員会が認定した際にも、宿利氏は「朝日新聞」の取材に対して「心外な判断だ。私の発言は法律が規制しているケースには当たらない」と堂々と反論している（「朝日新聞」２０１３年3月27日付）。

もう一つの課題は「官民人材交流センター」を通じた再就職がほとんど存在しないことである。内閣官房の公表資料によれば、センターを利用した再就職は皆無に近い。センターを創設したのは、何よりも透明性の高い再就職を促すのが主な目的だが、労働市場の現実に合っていないのが最大の理由だろう。

求人を出す企業側は、センターに使える情報があるとは思っていない。再就職する側にしても、センターで表面的な情報を聞かされた挙げ句、これまでの仕事とまったく関連のない未開の地に行くくらいであれば、数年でも我慢して、ＯＢから声がかかるのを待って関連団体に再就職したいというのが本音だ。センターの機能をどれだけ充実させたとしても、このミスマッチを簡単に解消することは難しいだろう。高齢期に入って、能力面でもメンタル面でも自信がなくなってくると、馴染みのある組織で働きたいと思うのは、ごくごく自然な気持ちであって、公務員だけ60歳以降もチャレンジしろとは言えないだろう。

離職後2年間の動きですべてを読み解けるのか？

公表されている再就職先やポジション、事後規制に重点を置いた枠組みから判断して、天下り規制の焦点として考えられるのは、監視する期間だ。現在は離職後2年間は再就職先を公表することになっているため、複数回、公表している人もいる。

なぜ、公表期間を問題視するのか？　顧問や社外取締役での再就職に疑問を差し挟むからだ。たしかに、生活に困って民間企業の顧問としてやっと雇ってもらったという事例はあるだろう。あるいは、単純に用心棒として雇われただけということもある。こういう事例については、天下国家を語る官僚が情けないと同情する反面、官僚が民間企業を歪めていないという点では良いとも言える。

ただ、そういうケースばかりとは限らないだろう。顧問の肩書きで再就職したものの、数年経過してほとぼりが冷めるのを待って、主要な天下り先・ポジションに栄達するという事例も少なからずあると考えられる。国家公務員法に基づく再就職報告義務があるのは離職後2年間だ。再就職した後、ポジションが変わった場合（労働契約又は委任契約を新たに締結した場合）には変更届を提出しなければならないが、それも期間は2年間である。裏返せば、離職後2年を経過すると、退職者がどういう経緯を辿るのかは把握できない。

これまでもあったが、非常勤や顧問として入社した後、社内でラインに乗って枢要なポジションに上り詰めていくというキャリアも存在すると考えられる。『選択』（２０１９年10月号）では、三菱電機は資源エネルギー庁長官を執行役含みの顧問で受け入れたと報じている。

民間企業に天下る経産省幹部の社内での動向を詳述する記事が同誌には何本もみられるが、再就職先で生き残ろうとする経産官僚たちの、生々しくもあれば喜怒哀楽に満ちた処し方を含めて、官民、個々人それぞれの複雑な動きが読み取れる。

ただ、この種の記事はあくまで少数派である。表面的な情報としては世間に出てこないと考えたほうがいい。日刊紙はウォッチしないし、週刊誌も天下った当該人物がスキャンダルを起こす（または巻き込まれる）ということでもない限り、表立った記事にはしないだろう。個人情報保護が厳しい現在では、公開されている会社情報をこまめにフォローする以外には、顧問や社外取締役として天下った人間がどういう経緯を辿るのか、追いかけるのは難しい。

かつては民間企業への再就職規制やマスコミの監視、ポストの停滞などから、離職後は「座布団機関」と呼ばれる組織（例えば、天下り幹部が多くて従業員は非常に少ない、組織としての活動実態がないなど）を経由して、本命の天下り先に行くという事例があったが、顧問で再就職してからほとぼりが冷めるのを待って役員になるというのであれば、その本質は同じだ。

従来からみられる現象……そう片付けることもできるが、やや気になる点もある。受け入れる側の民間企業の対応だ。昭和の天下りは華やかだった。官僚が政財官の中心に位置するのが如実に読み取れた。民間企業への天下りで言えば、実質的に仕事を取り仕切る社長ポストへの就任も多かった。平成に入ると、その流れは途絶え、官僚の再就職は民間企業が立地する大手町から、独立行政法人や特殊法人をピラミッドの頂点とする虎ノ門に変わった。民間企業が巨大になったからだ。もはや役所や官僚に依存する必要などなくなったのだ。1990年代以降は規制緩和の流れが強まり、役所や官僚はむしろ邪魔な存在とさえ映るようになった。

その流れが再び逆転しているということは、考えられないだろうか？　確かに、官僚が栄華を極めた昭和時代のように、役所を退職後即座に社長に就くような事例は稀だが、それにしても顧問から中枢の役員に入っていく事例があまりにも多い気がする。

いつが分岐点なのかを正確に示すことは難しい。だが、失われた30年、アベノミクスの金融緩和にどっぷり浸かって株価まで政府に支えてもらうようになる中で、大企業でさえ都合良く、役所に依存するようになっているのではないか。資源・エネルギーなど国際政治や経済が絡む不安定な分野は言うまでもなく、外国へのインフラの売り込みに始まり、スタートアップの支援まで政府が介在する余地は大きくなっている。民間企業から声高に規制緩和を叫ぶ声も聞かなくなった。

民間が政府を頼って天下りを懇願しているのだとすれば、天下りという小さな現象の話ではなく、事はより深刻な方向に向かっていると言わざるを得ない。

官民を超えたクロスオーバーで行き来する人材市場を整備せよ

ＯＢによる天下り斡旋が存在することは、限りなく黒に近いくらいに濃厚な事実だとしても、その規模は恐ろしいほどに縮小している。むしろ、役所によってはエリート官僚の多くは再就職に苦労している。年金の支給開始年齢が65歳である一方で、公務員の定年が61歳（2031年度に65歳まで引上げ）であることを考えると、その苦労は相当なものがある。これが天下りの現在地だ。

それでは、将来的に公務員の再就職はどうあるべきなのだろうか？

現在の事後規制で良いというのが筆者の考えである。役所の斡旋は厳格に禁じるが、能力本位で個人が再就職したり、転職したりする分にはまったくの自由。将来的には、官民を行き来する人間が大多数を占めるような労働市場にすべきだと考えるからだ。官僚もビジネスパーソンも人材という視点から言えば同じだ。官僚だけに特別なルールを課すのはおかしい。基本的には労働市場の在り方を軸にして考えるべきだ。

しかも、これから日本の労働力人口はますます減少する。少ない人口で生産性を高めていかなければならない。今の人手不足状況を考えると、解雇規制や雇用保障というよりは、一人一人がどこまで生産性を上げられるかのほうが重要だ。かつてのように解雇規制を緩めることで失業率が上がるという懸念は少なくなっているし、慢性的な人手不足により有効求人倍率や失業率は景気指標でなくなりつつもある。官僚についても、これから志願者はさらに減少していくだろう。官僚としてのキャリアを踏み台にして政治家や学者やコンサルタントになるという思惑がある人間以外、あのブラックな職場に飛び込むとは思えない。そうであれば、非人間的な扱いをする天下り規制よりは、職業としての官僚の魅力を高めることのほうが良いだろう。そうやって総合的に捉えると、官民問わず、クロスボーダーで人が行き来する労働市場を作ることを最優先にするべきだ。

昨今、「リスキリング」がしきりに言われるが、さまざまな書籍で指摘されているように、リスキリングは単に教育機関で新しい知識や技術を学ぶことではない。何よりも実践に役立つ知識や技能であり、現実に、それを職場で応用できなければ意味がない。

そう考えると、クロスボーダーで人が行き交い、組織よりも人の動きが上回る、それも異質な人間が出入りすれば、組織の文化よりも人の勢いが上回り、既存の組織文化・慣習を打ち壊すリスキリングが起こりやすくもなるだろう。

今の日本の没落をもたらした要因はさまざまだろうが、官民問わず、硬直的な組織運営があることは否めないだろう。民間企業や経営者は役所や官僚は硬直的だと批判するが、翻って民間企業の経営者自身はどうなのか？　結局のところ、この30年間で日本企業はそれほど劇的に変わったのか？　民間企業もまた何も変えることのできない硬直的な存在だったというわけだ。これを変えるには、人材を流動化させるのが最適だ。

そのためのスキームを急いで作る必要がある。例えば、現行の規定では、非常勤職員、臨時的任用職員、条件付き採用期間中の職員を除く一般職の国家公務員は天下り規制の対象となる。この場合、民間から任期付きで役所に入り、管理職となっている人間にも規制は及ぶ。例えば、消費者庁長官だった阿南久氏が在職中に雪印メグミルクの企業倫理委員会委員に就任したことが国家公務員法違反とされた事例がある（詳しい経緯については「朝日新聞」２０１５年10月８日付）が、これだけ強い規制をかけると民間から人材が参入してこない。臨機応変に規制を緩めるべきだ。

その一方で、人材が流動化した場合、企業や役所の機密に絡むスキャンダルは頻繁に起こるだろう。機密か、盗んだと言えるか、それとも職場で培った人脈とスキルを活用したというのか、グレーゾーンは多くなるだろう。そのための法整備も求められる。現状でも、営業秘密領得などについては不正競争防止法違反となるが、これまでは終身雇用が前提だっただけに、十分な法整備とは言えないだろう。営業秘密を幅広く扱えば、労働市場は大きく萎縮してしまうため、制度設計はセンシティブなものにならざるを得ないだろう。

ここで、デリケートな扱いになる事例を二つあげておく。

一つ目は、官僚が培った人脈や能力を活用して、ロビイストのように政財官をつなぎ合わせる役割を担うことである。ロビイスト法のある米国と違って、日本の場合は、ロビイストの扱いが曖昧だ。例えば、巨大ＩＴ企業に対する規制が先進各国で強くなっている中、それを警戒してか、巨大ＩＴ企業は規制阻止に向けて政界関係者への働きかけを強めているが、ロビイストを務めるのは元官僚であるという。一例として、アップル日本法人の政務部長は総務省出身者である（小林泰明　２０２３）。この事例だけをみれば、どこか悪い印象を抱く人が多いと思うが、ロビイストや政官界工作という名称ではなく、政官界と対話を重ねて事業環境の改善を求める企業活動＝パブリックアフェアーズの担当者として元官僚を起用するＩＴ系企業が増えているというと、それほど悪い印象を持たないだろう（「日本経済新聞」２０２２年２月４日付）。いずれにせよ、今後、政財官で培った人脈やノウハウを使ってビジネスをするという事例が相当増えるのは間違いない。ロビイストのあり方について、きちんと議論して制度を整備すべきだ。

もう一つは国家機密の漏洩だ。おそらく、この問題ではデジタル庁が遠くない将来、大きな問題になるだろう。国家の情報システムという機密中の機密を扱う職員の多くが民間出身であり、そのままデジタル庁に残ることはあり得ないのだとすれば、システムに絡んだ機密を知りうる人間は、やがて時を置かず民間企業に戻るということになる。そこには日本企業もあれば外資系企業もあるだろう。国家の情報システムが一民間企業の社員に握られるのは、絶対的に避けるべきことである。一方で、現状では民間企業出身者に依存せざるを得ない。

繰り返すが、整備すべきは官民の人材が流動化した場合のルールである。特に、機密漏洩など守秘義務違反にどう対応するかという問題がある。難しいのは、培った経験や能力を生かすことと、守秘義務や営業機密との具体的な線引きをどこに置くのかということだ。人手不足が顕著になることや官僚人気の低迷などを考えると、官民を行き来する人間が激増するのは時間の問題である。逃げずにきちんと議論して、現実に耐えられる制度を構築すべきだ。

第四章　内閣人事局と官邸官僚が霞が関を破壊した

曖昧模糊とした政官関係

政治家と官僚の関係を政官関係という。霞が関で働く官僚ならば、日々の仕事で政治家と接触することも多く、「あほらしい」とため息をつくことを含めて、いろいろと考えさせられる。筆者の場合、自民党の部会に呼ばれ、怒鳴られるのが怖いのか、昼食に出されたカレーライスにスプーンを突っ込めない幹部をみて、政治家と官僚の力関係を思い知ったことがあった。そうかと思えば、平然と政治家に嘘をつける豪腕な猛者官僚もいる。ことほど左様に政官関係は複雑で多様である。簡単に言えば、政治家と官僚のどちらが強いとか弱いとか、そう簡単に決着のつく話でもない。それゆえ、アカデミックな分野でも、さまざまな先行研究が積み上げられてきた。

そんな曖昧模糊とした政官関係が、いま激変しているのではないか？　圧倒的な政治優位になっているのではないか。もっと具体的に言えば、首相と官房長官を中心とする官邸が圧倒的に優位に立っているのではないか。内閣人事局が作られ、首相や官房長官に強い人事権が付与されて以来、そんな見方が強まっている。

さて、実際はどうなのか？　官邸に絡んだモリカケ問題や統計不正問題では、多くの官僚が国会でさまざまな追及を受けたが、正直、踏んだり蹴ったりだというのが本音ではなかろうか。この期に及んでも、財務官僚が日本を支配しているなんていう陰謀論の極みが流布されることに怒り心頭に発しているというのが本音だと思う。

政官どちらが強いのか。ライオンと虎が直接対決すると、どちらに軍配が上がるか。比較したがるのは人間の性なのかもしれないが、政官の力関係については調べれば調べるほどモヤモヤするだけで、どうもすっきりしない。

それが何より現れているのが、政官関係に関するこれまでのアカデミックな研究の数々だ。まず、官僚機構が特権を担い続けているとした辻清明の議論が戦後日本の政官関係に関する議論をリードした。辻（1969）は、明治時代以来、国民意識の中に官僚制の中立的性格に対する幻想が潜在していることや、現代行政の知識と遂行能力において政党が無力であることなどから官僚優位を主張した。

それに対して、1980年代に入って有名なチャルマーズ・ジョンソンの通産省の研究（1982）が官僚機構の優秀性の議論を後押しする一方で、村松（1981）の政治優位を主張する研究が論争を呼び起こすようになる。さらに言えば、90年代に入ると、政治家が完全に優位にあるとする海外の研究も出てくるようになる。

何となく、90年代以降は政治優位論のほうが力を持ち出しているように思えるが、官僚優位論・政治優位論のどちらかが通説となっているとは思えない。それどころか、一般的に通説と思われる60年代までの官僚優位論についても異論がある。

ことほど左様に政官どちらが優位かは、曖昧模糊としている。その理由は一体どこにあるのか？

まず、上記の学界や研究の動向が示しているように、時期によって政官どちらが優位なのかが異なるということである。極めて状況依存が強い現象ということだ。普遍的な答えが出てこない。

次に問題となるのは、政官と言う場合の「政」とは誰を指すのか？　国会議員すべてか。与党だけを指すのか。それとも与党から政権入りしている国会議員のことなのか。一方で、「官」とは誰を指すのか？　公務員全体を指すのではなく、官僚を指すと考えるのが一般的だが、論者によっては特定の官庁の官僚を指している場合もあるだろうし、特定のポジションのこともあるだろう。

政官関係を曖昧なものにする最大の要因は、何をもってして優位とするのかだ。正直、客観的な証拠がみつからないのだ。例えば、政治家が個別案件に介入して、官僚を怒鳴り散らしたりするなど外見上の強さをみせつけたとしても、実質的には政策の企画立案をしているのは官僚であり、政策を実行に移すことを考えても、官僚機構のネットワークと専門知識がないと政府は動かないとすれば、表面的な態様からは政官の力関係を判断できない。

このロジックを当てはめると、内閣人事局を駆使して人事で官僚を締め付けた第二次安倍政権ですら、官僚優位だったと言えるかもしれない。政策の企画立案は官邸官僚を含めて官僚が握っていたからだ。また、未だに何かあると、財務省陰謀論が出てくるのも同じ理屈だ。結局、政治家には政策の企画立案能力がないという原点に戻る限り、官僚優位論は常に頭をもたげてくる。

こんな曖昧なところに、さまざまなマスコミ報道が加わるのだ。そのほとんどは一瞬、一瞬の政官関係の動態だ。記者をはじめとした書き手の視点や書き方次第で、政官どちらも優位と読めるし、テレビなどでは評論家が得意げに逆張りの見方を披露する傾向があるだけに、ますます、政官どちらが優位かは混沌とする。

90年代後半以降続く官僚バッシングの背後にあるもの

政官どちらが優位か。研究者はさまざまな説を述べてきた。だが、世間はそれに興味を示したわけではない。バブルが崩壊する前までは、政官どちらが優位にあろうが、大した問題ではなかった。現実に何の影響も及ぼさなかったからだ。厳密に言えば、政官どちらが優位かを実証するための争いなど、ほとんど起きていなかったから。政官業癒着という言葉からわかるように、政官はお互いに住み分けて蜜を吸い合ってきた。

それが許されなくなったのがバブル経済崩壊後の90年代半ば以降だ。まず、長期の不況に陥る中で配分できるパイが少なくなる一方で、少子高齢化が進んで社会保障の負担がより重くのしかかってくるようになった。その結果、既述したように行政改革が大きな課題として登場した。社会保障は削れない。不況で景気対策は必要なので公共事業も削れない。そうなると、世間やマスコミが騒がず切り捨てられるものがあるとすれば、役所に関わる諸経費ということになる。

不況でささくれだった世論がこの流れを後押しした。失業率が5％を超えて、国民の多くが苦しい生活を強いられている時に、官僚は身分保障があるうえに天下りという特権まで享受している。それだけではない。この不況を作り出したのは誰なんだ。これまで官僚主導体制と言われ、奇跡的な経済成長を実現したのは優秀な官僚がいればこそという通説が逆噴射して、官僚が張り巡らした硬直的な規制や経済政策こそが不況の要因だと責め立てられた。

そんな憎しみに後押しされ、政官関係は優位を語り合う牧歌的なものから、血で血を洗う抗争に発展した。どちらが強いかをはっきりさせる局面が訪れたということだ。

もう一つ大きな要因をあげると、この不況の舵取りを誰がするかという問題だ。政府の運営に責任を持つのは誰か。それを決めなければいけない。ここで打ち出されたのが政治主導という言葉だった。痛みを伴うような改革をしなければいけない、これまでのように悠長に構えるのではなく、白か黒かを素早く決断しなければならない。そういう時代状況を考えると、選挙で選ばれた政治家が主役になるべきだ。

こうやって政官は剝き出しの闘争関係に陥ったというわけだ。政治は自分たちの優位を確立しようとさまざまな改革を繰り出す。マスコミや世論がそれを後押しする。それに対して、官僚はさまざまな策を弄して抵抗するようになった。小泉政権では「抵抗勢力」という言葉が一世を風靡したが、それが最も当てはまるのが官僚だった。

第二次安倍政権以降の政官関係を読み解く視点

政官どちらが優位かを競う牧歌的な時代の後、90年代半ばの政官対立関係を経て、今現在の政官関係はどうなっているのか？

図表4－1　変化する政官関係

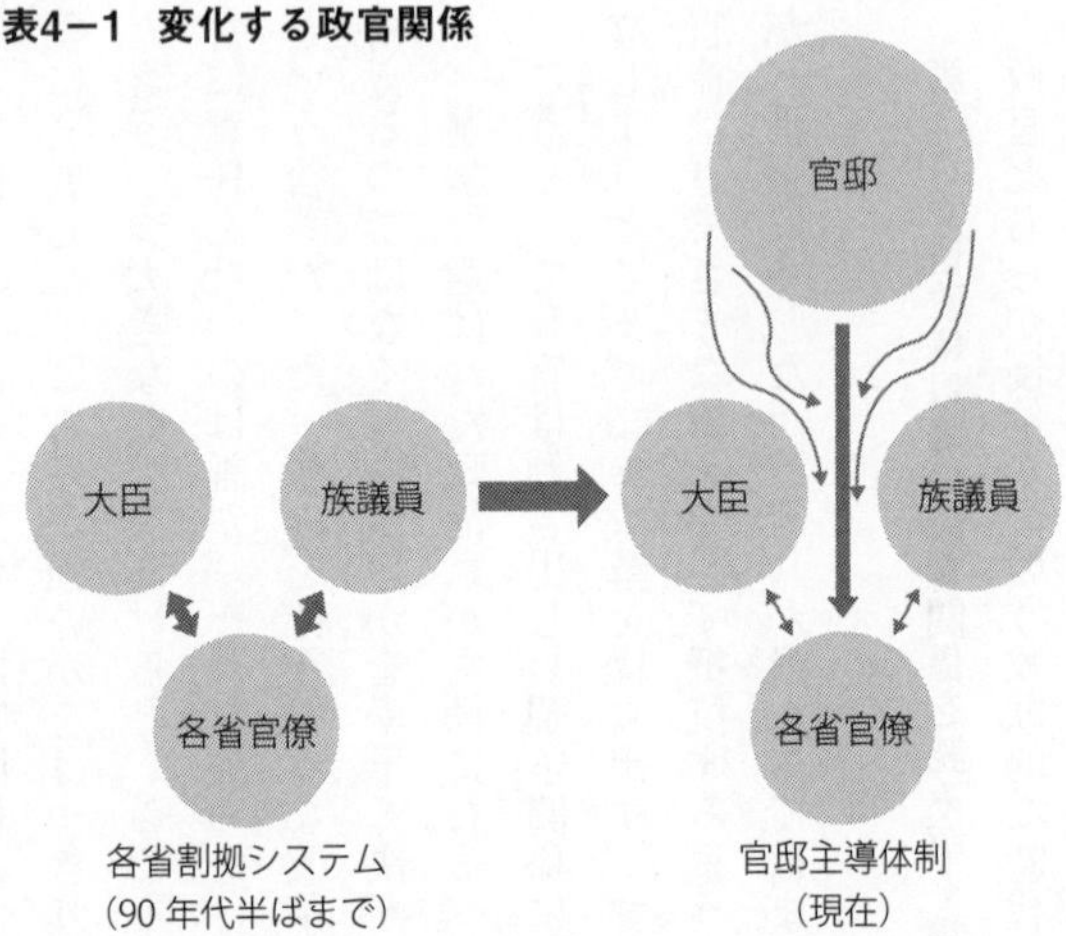

それを表したのが図表4－1である。図の左側は90年代半ばまでの政官関係である。各省割拠システムの下、各省官僚・大臣・族議員の三者で政官関係は彩られていた。総理や官房長官を中心とした官邸は大きな比重を占めてこなかった。政官関係と言えば、大臣・族議員・各省官僚の三者の関係を主に指すものだった。政官の対立はあるとしても、基本的な政策の枠組みは各省が作り、族議員は個別案件に口を挟むことで自分の存在意義を示していた。威張り散らす大臣がいたとしても、その不満は役所内で消化されていて、官僚と大臣が決定的な対立関係に陥ることはなかった。既述したように、対立が生じたとしても予定調和の範囲内で些細なものだった。それを如実に示すのが「政官業癒

着」という言葉だ。

90年代半ばからの不況は、政官関係を対立構造に変えた。その結果、今は図の右側のようになっている。90年代以降、セクショナリズムを排除するためのさまざまな改革を行ってきた結果、内閣人事局の創設をもって官邸主導体制が確立された。もはや往時の各省大臣と並びの首相ではない。小選挙区制度の導入で政党党首としての地位も盤石になったことを加味して考えると、強大な権力者となった。第二次安倍政権のように、これらの要素に選挙での圧倒的な勝利や安定した内閣支持率を加えれば、もはや政官関係を論じることにどこまで意味があるのかというくらいに、首相や官房長官を主体とする官邸の圧倒的優位が確立されたということである。

今の政治状況では政権交代の可能性が極めて低いことを考えると、政官の優位を論じることは無意味にさえ思えてくるが、そもそも、現在の官邸主導システムの下では、誰と官僚の関係を問い質せばいいのだろうか？　総理や官房長官と官僚の関係、そこに各省大臣を加えた三者の関係は問われるべきだが、本稿では第二次安倍政権に着目して、二つのことに焦点を当てたい。

まず、官邸が人事権を握ったことの影響だ。これは政官関係に決定的な影響を与える。人事権を官邸に握られた結果、官僚の人事を中立的にすべきではないかという議論が起きるくらいに、官僚は従属的立場に陥った。ここでは、その象徴として内閣人事局を取り上げる。

次に、官僚同士の関係も政官関係に含めるべきだと考え、ここに焦点を当てたい。次章でも検討するが、官邸主導の形は政権によって異なっているが、官邸を支える内閣官房や内閣府の機能が拡大していることは共通している。

安倍政権においては「官邸官僚」と呼ばれる官邸や内閣官房、内閣府に身を置く官僚が大きな力を発揮した。各省大臣よりも大きな存在感を放ったくらいだった。

彼らは、本当に官僚なのだろうか？　彼らは政権と一体化した政治家とみなすべきではないのか？　それくらいに政策や人事に大きな影響を及ぼしてきた。そういう情勢を踏まえて、**図表4－1**の右側では官邸から官僚側に向かう矢印について、形状が異なる複数のものを表示している。官邸から政策の大方針が示されるだけであれば太い矢印で十分だが、官邸官僚集団から細々した働きかけ（図では細線）があったのは自明であり、それが官僚の在り方をどう変えたかは分析する必要がある。

この二つは、密接に関連していることも問われるべきだ。一部の官邸官僚が「官邸の意向だ」という文言をちらつかせて仕事を進めようとしたが、この言葉の背後には官邸が主導する人事がちらつくからだ。

内閣人事局は何をどう変えたのか

時計を90年代半ばに戻そう。さきほども述べたが、90年代に問われたのは「強すぎる官僚」だった。一連の行政改革は行政のスリム化を目的とはしたが、強すぎる官僚の力を削いでいくことを隠れた目的にしていた。政治家が当時声高に叫んだのは、人事権を握っていないから、官僚をコントロールできないのだという理屈だった。その結果、出来上がったのが内閣人事局だった。

首相と官房長官の二人を基軸にした官邸が人事権を握った影響は絶大だった。首相や官房長官、その周辺に構える官邸官僚やその影に怯え、権力者の意向ばかりを考える＝忖度官僚が続出したからだ。

それを何よりも如実に示すのが、森友学園と加計学園の問題だった。どちらも長期政権を誇る絶頂期の現職首相が絡んだ事件だったこと、特に、妻や友人といった個人的な関係が絡んだ案件だったが、この仕事に巻き込まれた官僚は首相（あるいはその影）のことを気にかけざるを得ず、「忖度」という言葉が流行語にさえなった。

それでは、改めて、内閣人事局とはどういう組織で、一体、何が問題なのか？その謎を解くに当たっては、まず、幹部人事の任命プロセスを理解することから始めなければいけない。

内閣人事局が創設される前までは、各省の人事は各省大臣が決めていた。内閣人事局ができた今も任命権者は各省大臣なのだが、かつては、総理や官房長官と協議などする必要はなく、建て付け上は大臣一人で決めることができた。

そして、その大臣が頻繁に入れ替わるのが、55年体制と言われる自民党システムの特徴だった。小泉政権時の一部主要閣僚など例外はあるものの、自民党システムの下では、当選回数に応じて入閣待機組がいて、大臣になるのが目標という政治家も多かった。当然、役所や政策に詳しくはなく、人事に関心を示すこともなかった。

ごく稀に該博な知識を有し、役所や官僚の在り方に疑問を抱き、人事に手を突っ込む大臣もいたが、それはごくごく少数だった。官僚側もあうんの呼吸だった。任命権は大臣にあるが、人事で力を発揮することはないので、大臣にすり寄って省内の秩序を乱すような官僚もいなかった。基本的にはOBを含めた仲間内で作られた人事案がそのまま承認されるという慣行が常態化しており、官僚の人事は自立性が高かった。

それでは、内閣人事局では、何がどう変わったのか？

まず、幹部公務員の育成や管理だけを切り離して「上級公務員制度」を作ったという事実を押さえよう。驚かれるかもしれないが、戦後の日本の公務員制度は建前上、エリート公務員制度を採用していない。キャリア官僚とは言うが、国家公務員法上にはどこにも「キャリア官僚」という言葉など出てこない。国家公務員総合職・一般職とか試験名称をみると、それとなくエリート公務員制度を採用しているように見えるが、制度としてはエリート公務員制度は採用されていない。

この構造自体はまったく変化していない状況で、審議官・部長・局長・事務次官クラス＝幹部公務員をひとかたまりのグループとして育成管理するというのが、内閣人事局の目的だ。

なぜ、そんなことを行うのか？　かつての人事をみればわかるように、日本の行政の最大の特徴はセクショナリズムだ。各省割拠主義とも言うが、伝統的に首相の権限が弱く、各省が独立して仕事をするため、日本全体の国益がおろそかにされる。かつて幼稚園を所管する文科省と、保育園を所管する厚労省が縄張りにこだわって、肝心の子どもたちが放ったらかしにされるという事態があった。

各省の都合ばかりではなく、日本全体の利益を考える「日の丸官僚」を作らなければいけない。それは誰かと言えば、首相であり官邸の意向を受けた官僚ということになる。論理が飛躍しすぎていると批判されそうだが、単刀直入に、制度を踏まえると、そういう回答になる。対立したり矛盾したりする役所と政策を整理して、優先順位をつけて処理するのが国家全体を俯瞰する首相であり官邸であるとすると、その指示の下に動く「日の丸官僚」は、自分が属する役所の利益＝省益ではなく、国益をみるべきということになるからだ。

首相や官房長官の意に沿う官僚を作る。最初からそう仕組まれた制度という意味では、人事に変動があるのは自然なことだ。政策の方向性に大きな影響を与える官僚の人事（特に幹部官僚）に関しては、政治的応答性・中立性・専門性という三つの視点が求められるが、内閣人事局制度は最初から政治的応答性を重視した制度ということであり、当時の状況を振り返ると、この制度ができたのはごく自然な流れでもあった。今になって、内閣人事局制度を猛烈に批判する人がいるが、この制度が議論された頃は、セクショナリズムと官僚の特権ぶりが大問題となっていたからだ。

誰にもわからない内閣人事局の人事の実態

さて、システムの具体的な説明に移ろう。幹部公務員を選ぶプロセスは大きく二つに分か

図表4−2　幹部職員の任用に係るプロセス(イメージ)

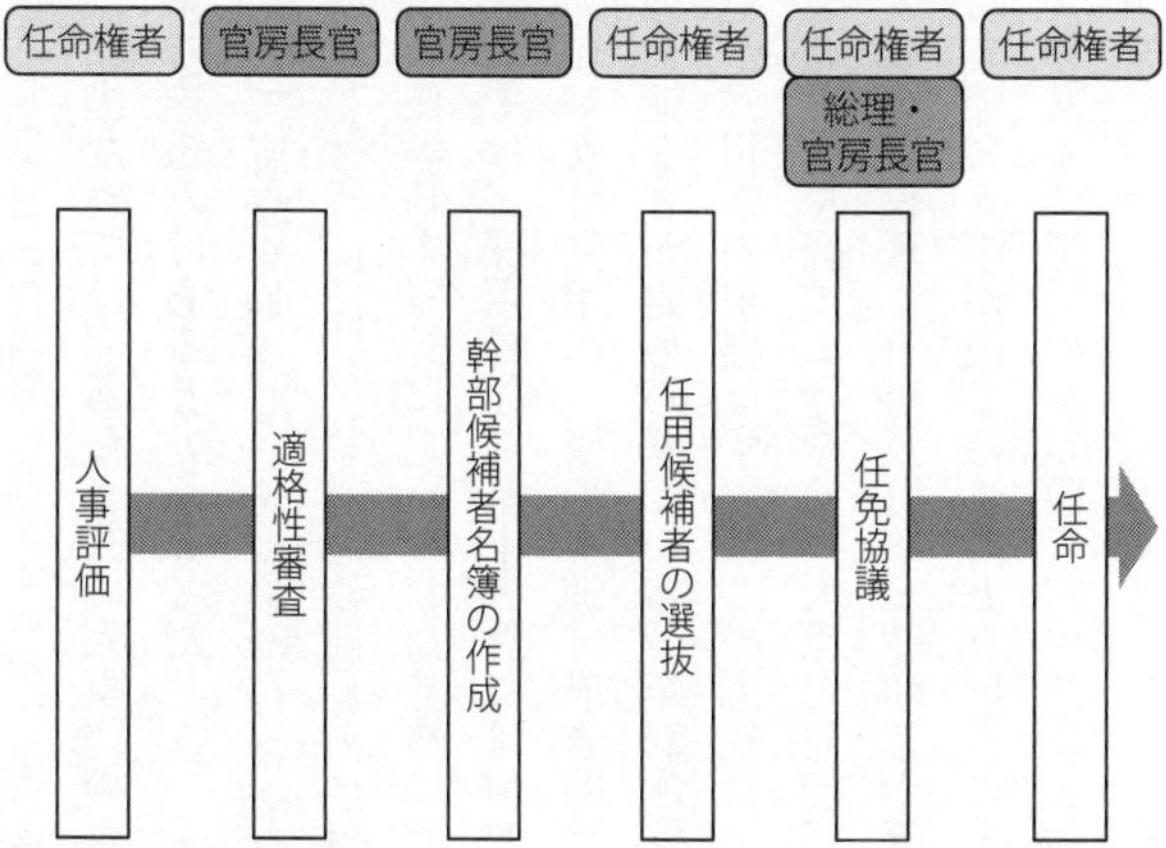

出所）内閣官房ウェブサイトより

れる。適格性審査と任免協議である。この二つのプロセスに各省大臣、官房長官、首相の三者が微妙に絡み合う（図表4−2）。

ただ、起点と終点が各省の大臣であることはかつてと同じだ。あくまで任命権者は各省の大臣だ。厚労省の幹部人事を決めるのは厚労大臣。その起点となるのが各省大臣が行う人事評価である。

その人事評価に基づいて、適格性審査が始まる。簡単に言えば、幹部に相応しい適性があるかどうかを見極めるということだ。ここからが内閣人事局を拠点とする官邸の領域になる。具体的には、官房長官が当該職員を幹部候補者名簿に記載するかどうかを決めるのだ。もちろん、その際には客観的な基準がある（「幹部職員の任用等に関する政令」第三条）。また、適格性審査の基準等に関する政令を定めるに当たっては、あらかじめ人事院の意見を聞くということになってもいる。中立性を担保する枠組みはあるということだ。

続いて審査を通過した者を幹部候補者名簿に記載する。これは職階毎（事務次官、局長、審議官・部長）に作られる（幹部職員の任用等に関する政令第四条）。各省の大臣はこの中から、採用昇任等基本方針に定められた基準にそって人事案を作る。

それでは、採用昇任等基本方針には何が定められているのか。細かなことは定められていないが、女性登用の一層の推進、府省間の人事交流の一層の推進、採用職種に囚われない登用の推進などが定められている。第二次安倍政権の予想外の抜擢人事などがマスコミを賑わせたが、相応の根拠はすでにこの方針に示されている。

この段階を経てようやく、大臣と総理、官房長官による任免協議が行われる。大臣が作った人事案を総理と官房長官が承認するか異議を唱えるかを考えるのである。ただ、この段階から実際に人事が決まるまでどういうことが行われるのかについては、完全なブラックボックスである。管見の及ぶ限り、マスコミ報道でも実際の人事がどう決まるのかを報じたものは皆無だ。

「内閣人事局」「任免協議」をキーワードに国会議事録を検索してみると、内閣委員会を中心に内閣人事局を巡るやりとりは行われているものの、ブラックボックスの中身を詳《つまび》らかにさせるようなやりとりはない。ここでは、そんな中で数少ない突っ込んだやりとりの共産党・塩川鉄也議員の質疑（2018年3月30日、衆議院内閣委員会）をみてみることにしよう。

まず、任免協議に際しては、官房長官と三副長官が人事検討会議を開催する。ただ、この会議については、関係者の証言と国会でのやりとりからはどうも、その時期がはっきりしない。塩川議員との質疑では、答弁に立った政府参考人は「人事検討会議は、任免協議等に関し、内閣として適切に対応するため、内閣官房長官及び三副長官を構成員として内閣官房長官が開催するものでございます」と答弁しており、任免協議の前後どちらで人事検討会議が行われているかがはっきりしないが、内閣官房関係者の証言では、任免協議が行われたあと、人事検討会議が同じ日に開かれ、それから閣議となるという（森　2019：192～193頁）。そうなると人事検討会議は、ほとんど形式的なものということになる。

それでは、任免協議はどのように行われるのか。これについて法令上細かな規定はない。国家公務員法第61条の4が根拠規定になるが、条文はたった四つにすぎない。人事が秘め事であるのを考えれば当然かもしれないが、完全なブラックボックスである。

先程の塩川議員と菅官房長官（当時）らとの国会でのやりとりから推測すると、おおまかには、以下のようなプロセスになっていると推測される。

まず、大臣が人事案を示す。人事案はポジション毎（事務次官、局長、審議官、部長）に一人の名前があげられている。逆に言えば、複数の氏名をあげた上で、それを大臣と総理と官房長官が三人で協議して決めるというやり方ではない。

その上で、大臣があげてきた人事案を官房長官が拒否した事例はないという。少なくとも、国会で菅官房長官はそう断言している。塩川議員から総務省の幹部人事で、菅氏が進めてきたふるさと納税に反対した幹部の昇格を拒否したという報道があるが事実かと質問された際、菅官房長官は国会で「まったく事実無根であります」と切り返している(3)。

いずれにしろ、こういうプロセスを経て、はじめて各省大臣は幹部を任命する。

なお、国家公務員法第61条の4には、総理と官房長官から人事管理の必要性がある時は、各省大臣に対して任免協議を求めることができるという規定があり、担当大臣の人事案を拒否できる仕組みになっている。この規定も官邸主導人事の根拠の一つとしてあげられることが多いが、実際のところはどうだろうか。少なくとも、安倍首相自身に関しては回顧録において「いちいち官僚の人事に私が口を出すことはなかったですよ」（139頁）と答えている。さまざまな案件に追われる首相が細かな人事に口を出すとは考えにくく、おおむね、安倍首相の答えは無難だと思われる。

総理と官房長官による任免協議の実態

少し長くなったが、これが内閣人事局を舞台にした幹部官僚の人事システムである。一体、どこにどういう問題があるのかを論じる前に、このシステムの下でどういう人事が行われたのかを検証してみることにしよう。

「日本経済新聞」（2018年4月23日付）はいくつかの特徴をあげている。まず、各省の既定路線による順送り人事はしないことだ。逆に言えば、不意をつくような人事が目立つ。財務省では同期から3人の事務次官が出たが、異例中の異例だ。次に、政権の政策目標を実現するための布陣とすることだ。農協改革の推進者だった奥原正明氏を農水省事務次官に抜擢したのが典型だ。第三に、現場の士気向上を促し、政権の姿勢をアピールするということだ。霞が関では非主流派になる技官やノンキャリア、制服組の抜擢がわかりやすい。第四に、事前に人事情報が漏れれば差し替えることだ。この四つの原則に女性活躍などを足せば、官邸主導人事のおおよその特徴はつかめる。

霞が関の人事と言えば、入省した瞬間から誰が事務次官になるかがわかるとか、数十年先まで人事が読めると言われるくらいに規則正しさを誇ってきた。それゆえに、この五つの原則に貫かれた人事に見舞われ、現場は慌てに慌てた。

ただ、人事が読めないことは悪いことなのか？　と言えば、そうでもない。官邸の人事評価が間違っていて、官僚による仲間内の人事評価が正しいわけでもない。筆者の経験で言えば、どうでもいい細々したことが得意で失敗の少ない人間が局長クラスまで上り詰めるのは、明らかに資質に欠ける人事だと思う。また、部下を潰すパワハラ体質の人間が幹部に上り詰めるのも目立ったが、言語道断だ。

それにもかかわらず、なぜ、内閣人事局がここまで批判されるのか？

その最大の理由は、先程みたように、プロセスが不透明で曖昧だからだ。第三者からみて、どう人事が決まっているのかがわからない。人事である以上、ある程度の秘め事があるのは当然としても、ブラックボックス度合いがひどすぎるということだ。

内閣人事局について定めている国家公務員制度改革基本法、それを受けて作成された国家公務員法の一部を改正する法律をみても、内閣人事局の所掌事務は詳述されている一方、人事を具体的にどうやって決めるかについて記述されているわけではない。法律に基づいて定められている政令事項についても、それは同様だ。

まず、適格性審査や人事評価の在り方が公明正大で客観的なものかどうか判断することは難しいが、専門性や客観性はある程度担保されているとみなしていいだろう。もちろん、人事評価の中身など細かな議論はいくらでもあるだろうが、人事評価をペーパー上で詰め倒したところで、誰からも批判のない客観的なものが出来上がるのか。そもそも、万人が納得する客観的な人事評価があるのか怪しい。その意味では、適格性審査の部分を過度に議論することに大きな意味はないように思う。

それに対して、もっともブラックボックス化しているのが、任免協議である。人事権者である担当大臣が人事案を提示する。それに対して首相と官房長官が話し合って最終的に結論を出すということだが、一体どういう話し合いが行われているのか、漏れてさえこない。国会においても、「この任免協議がよくわからない。任免協議でどんなことをお話し合いになっているのか、担当者に聞いても、人事の問題なのでわかりませんと。どんな審議、検討が行われているのか、担当者の皆さんに聞いても、わかりませんというお答えが返ってきました、レクの中で」という発言（衆議院内閣委員会〔平成30年3月28日〕、質問者は立憲民主党山崎誠氏）があるくらいだ。管見の及ぶ限りでは、任免協議の生々しい風景を具体的に書いたルポや記事など目にしたことはない。人事を扱う以上、漏れることは避けなければならないとはいえ、誰を幹部公務員にするかは国民生活にも一定の影響を与えることを考えると、民主的に統制される側面は残されるべきだろう。

ただ、国会での質疑から推測すると、おおよその枠組みは想像がつく。繰り返すが、大臣がポジション毎に一名の候補者を総理と官房長官に示す。それを総理と官房長官はほぼ承認するという段取りだ。嘘か実か、菅官房長官の答弁を追いかけると、そうなる。一つの省で幹部人事が50人だとしても、淡々と進めれば30分も要しない。

どうも……嘘っぽい。もしかしたら、任免協議の部分にフォーカスしても、無意味なのではないかと思えてくる。

依然として重要なインフォーマルな人事

官民を問わず、人事はいつも秘め事である。漏れるのが極端に嫌われる。もう一つ、人事には大きな特徴がある。どれだけ透明性や客観性といったところで、不透明さと主観がつきまとうことである。人間がやることだ。好き嫌いが入るのは避けられない。それをごまかすために、人事はインフォーマルな部分にこそ注目しなければいけない。

例えば、内閣人事局にしても、任免協議に関わる部分や条文を指して、あれこれと論評することも重要だが、任免協議が行われる前に、すでに水面下でさまざまなことが決していると考えるほうが無難であるかもしれない。

例えば、「朝日新聞」（2018年3月16日付）はある経済官庁幹部の発言として「次官の人事案を何人か持って行ったが、内閣人事局に全部はねられたと聞いた。人事についてはものを言わせない雰囲気がある」という言い分を紹介している。世間を揺るがせた検察事務次官人事をめぐっても、やはり、当時の法務事務次官が後任次官の人事案を菅官房長官（当時）に反対されて、真っ青になったという証言がある（村山 2020）。

つまり、任免協議などは茶番で、水面下で官邸が各省からの人事案にあれこれと注文をつけて、すべて決まっているということだ。

「日本経済新聞」（2015年7月29日付）では、ある閣僚が「事前に官房長官に人事案を提示したが、首を縦に振ってもらえなかった」と嘆いたという。一般的には、事務次官が幹部人事をまとめて非公式に官房長官ら官邸首脳に打診しながら根回しをしていくものと思いきや、大臣自ら官房長官に人事案を提示していたということになる。

しかも、各省が出してくる人事案について、何かとケチをつけたり、代替案を出すように迫って圧力を加えたり、各省を牽制していたりした可能性もある。例えば、「日本経済新聞」（2017年4月21日付）は、官房長官と3人の官房副長官による人事検討会議は必ず複数の人事案の提出を求めると報じている。これは欧米の資格任用システムで使われるショートリスト方式と呼ばれるもので、少数の候補者の中から任命する方式である。ただ、フォーマルな制度として活用するのであれば、中立性や専門性が担保されるが、インフォーマルな場で使われる場合には、複数名を意図的に競わせて政権に忠実な人物を登用することになりかねず、逆に人事は歪む可能性さえ出てくる[4]。

いずれにしろ、内閣人事局制度が出てくる表面的なところではなく、任免協議が行われる前のインフォーマルな部分で相当のことが決まっていると考えるほうが無難だろう。

それでは、このインフォーマルな人事で誰が大きな力を握ったのか？　少なくとも、第二次安倍政権時代には、漏れてくる情報から考えて、菅官房長官と杉田官房副長官ということになるだろう。その他2人の官房副長官の名前が漏れてくることは少ない。例えば、「朝日新聞」（2021年2月13日付）は、第二次安倍政権下では首相と官房長官が固定されていたのに対して、閣僚は毎年交代するため、各省は人事案を大臣に示す前に菅長官と杉田副長官に示すことが多かったと報じている。

表面に出てくる人事で官僚がやる気を失ったり、官邸に異様な忖度をしたりするのではなく、インフォーマルな接触で人事にさまざまな注文が付くことが陰に陽に大きな影響を与えていたとみるべきだろう。

しかも、狡猾だったのは、民主党政権のように、外部に幹部公務員の人材を求めなかったことである。官僚の強さは財務省に典型だが、一糸乱れぬ一体性にある。外部から霞が関に侵入しようとする敵が現れると、官僚のこの特質は顕著になる。民主党政権のように検事総長を民間の弁護士から登用するとぶち上げると、官僚は団結して政治家に立ち向かおうとする。それに対して、第二次安倍政権は外部からは人材を登用していない。官邸人事に不満があったとしても、あくまで登用されるのは官僚だった。一見すると官僚に優しいようにみえるが、官僚同士を互いに競い合わせることで、競争心や疑心暗鬼を植え付け、官僚の強みである団結力を破壊したのだ。

内閣人事局をここまで考察してきて、ふと疑問に思うのは大臣の存在だ。首相と官房長官は幹部人事に介入できるとはいえ、任命権者はあくまで各省大臣である。しかも、身近で官僚の力量をみているのも大臣である。自らの考えと官房長官などの考えが食い違った場合はどうするのだろうか？　これまで幹部人事に絡んで、大臣が官邸の意向に異を唱えたという事例をあまり耳にしない。

どう解釈すればいいのだろうか？　官房長官も大臣も政治家だ。一癖も二癖もある権力欲の塊だ。人事権を行使して自分の存在感をみせつけたいという思いは同じだろう。むしろ、官邸と食い違った場合こそ、自分の力の見せ場だと思い込んでもおかしくはないはずだ。

第二次安倍政権に関して言えば、官房長官の任期が各省大臣より断然長かったこと、選挙での勝利や内閣支持率から官邸優位が確立しており、官邸の意向を跳ね返せる末端閣僚などいなかったこと、特定の官僚をかばう気概のある大臣などいないこと（そもそも官僚の人事になど関心がない大臣を含む）、そもそも人事の方針で大きな食い違いがなかったこと、変則的で癖のある人事はあくまで少数だったことなどを考えると、官邸の人事方針に逆らう大臣がいなかったのはごく自然な帰結だとも思えてくる。

大騒ぎしただけで一向に進まない内閣人事局制度をめぐる論議

内閣人事局を舞台にした官邸主導人事は、何が問題なのか？　完璧な制度など存在しないが、いくつか改善すべきところはある。

内閣人事局という制度を制度通りに運用する権力者が現れた時、霞が関は劇的に変わった。

たかが制度というなかれ。制度とはことほどさように重要なものである。

内閣人事局をどういう組織にすべきか。官邸主導の人事はどうあるべきなのか。実は、内閣人事局制度を生み出した国家公務員制度改革基本法を作るために開催されていた国家公務員制度改革推進本部顧問会議で議論されてきた。今から16年前の2008年のことである。顧問会議の委員の中には必ずしも専門家ではない委員もいたため、顧問会議の下に設けられたワーキンググループで活発な議論が行われており、政治的応答性を高めながら中立性や専門性をどう担保するかも論点になった。ただ、当時は、強い官僚をどう抑えるかが主な論点であり、官僚の人事権を官邸（政治家）がどう握るかの方に比重がかかっていた。そのため、内閣人事局長についても官僚にやらせるべきではなく、何が何でも政治家にすべきだという論調のほうが圧倒的に強かった。

実際、08年11月14日に提出された「国家公務員制度改革推進本部顧問会議報告」では、「（幹部）候補者名簿作成及び任免協議は、内閣への応答性を確保し、任命に当たっての政治の責任を明確化するプロセスと位置づけるべきである」と記されていて、公平・中立性担保より政治的応答性に比重を置いていることが読み取れる。

筆者は、このワーキンググループの委員だった。自分がどういう主張を会議でしたのかは明確に記憶していたが、改めて、本書を執筆するに当たってネット検索してみると、当時、筆者がワーキンググループで提示したペーパー（11月13日）が残っていた。

筆者が提案したのは、第三者委員会が幹部人事に絡むという案だった。内閣人事局と第三者委員会が協議して幹部公務員の候補者名簿を作成する。その際には、ポスト毎に数名の候補者を掲載するショートリスト方式を採用する。最後は首相がインタビューして決めるという方法だった。当時の筆者の想定にあった幹部公務員は、少なくとも局長クラス以上だった。

ちなみに、筆者が提示した第三者委員会には学者は入っていない。官房副長官と経済界2名、当該ポストに関連した事務次官経験者や局長経験者で構成される。

学識者は学識はあるのかもしれないが、現実の仕事に精通しているとは考えられなかったし、「御用学者」という言葉があるように、公務員制度に関連した役所が推薦してくる学者がどこまで機能するのか疑問だったからだ。それであれば、元官僚の学者のほうが機能するとさえ思っていた。実際、役所は元官僚の学者など審議会や研究会で使わない。仲間内の話がしやすい反面、手の内を知っている相手など使いたくないからだ。

その他にも、幹部人事の中立性や専門性を高める手段は考えられる。いくつかあげてみよう。

①適格性審査の基本となる人事評価制度の客観性をあげる。
②中立的な人事院の役割を拡大する。
③人事の説明責任を強化する。時の官房長官は国会で幹部人事について詳細な説明責任を負うようにするのだ。
④不服申し立て制度を設ける（ただし、幹部公務員が不服申し立てをするとは思えないので、表面的にはそれっぽい制度に見えるが、実際に機能するとは思えない）。

なお、本書を執筆するにあたって、改めて、「内閣人事局」「任免協議」などのキーワードを入れて国会の議事録を検索してみたが、制度面について混み入った議論が行われている場面はほとんどない。内閣人事局が官僚の忖度を生み出しているといった批判はあるものの、制度の中身を具体的に問い質したものは先程の塩川議員のものを含めて数えるほどだ。ただ、この時の質疑にしても時間の制約があるのか、答弁者で当時、幹部人事に大きな影響力を及ぼしていた菅官房長官から十分な答えを引き出しているとは思えない。

制度論の議論にはほとんど踏み込めていないのが現状ということだ。内閣人事局制度に限らず、公務員制度については関心が薄い。よほどの不祥事や汚職でもない限り、議論の機運が盛り上がらない。

なぜ、制度論にこだわるのかと言えば、当時も、内閣人事局を創設するということに急ぎ気味で、十分な制度論が行われたかどうかが疑問だからだ。

人事の歪みの原因は総理の取り巻き

次に、官邸主導の人事をこのまま放置した場合、一体、どういう災厄があるだろうか。ずばり、官僚の人事が歪み、それがひいては政策の歪みにつながっていく。

どれだけ人事に抑制的な官邸だとしても、今後も当分の間、政権交代が起きそうにないことを考えると、人事の歪みは常に起こりうる。自民党政権が崩れるとは思えないし、内閣支持率が下がったとしても、選挙で衆参ねじれさえ起こりにくい現状を考えると、ある程度の長期政権がこれからも続くと考えられる。政権交代が頻繁に起きるのであれば、時の政権に過剰に忖度することは官僚自身にもリスクが高すぎるため、必然的に中立方向に舵を切るが、そうでなければ官邸に忖度する気持ちを抑えることは難しい。

特に問題となるのは、首相や官房長官など官邸の権力者を気にするあまり、政策を歪めてしまうということだ。内閣人事局を存分に活用した第二次安倍政権では、この政策の歪みがさまざまな側面で現れた。

それでは、「政策の歪み」とは具体的に何を意味するのだろうか？　こういう話題になると必然的に、行政の中立性や継続性が付随するが、ここでは、抽象に抽象を重ねる泥沼の神学論争は避けて、安倍政権で問題となった個別案件への介入をとりあげよう。

政策にもさまざまなレベルのものがある。わかりやすく公共事業で考えてみよう。まず、公共事業を全体の政策の中でどう位置づけるか、これが最上位だとすれば、道路や橋や空港などの項目別にどう配分するかが次の目標になる。さらに政策を下ろしていくと、道路の中でも高速か国道か県道か、どの道路を整備すべきかとなり、そこからは順次、全国のどこの道路で、入札はどういう方法で、事業者はどう選ぶかというように、政策はどんどん細かくなり、やがて、政策から施策へと名称を変え、事業という名前に落ち着く。

政策のレベルが下がるにしたがって、政治と行政の比重も変化していく。現実の政策ではどこまでが政治が関わる領域で、どこからが行政の関わるべき領域かは混沌としているが、ここでも泥沼の神学論争は避けて、入札方法と業者の選び方については、細々としたルールも定まっていて、裁量の余地がないことから、行政の役割だと仮定しよう。

この最下位に位置するのが個別案件と考えればいい。森友学園や加計学園の問題というのは、この種の個別案件に総理の影がみえ、そこに官邸の人事権まで絡み出したことから大きな問題となったわけだ。

ただ、森友学園と加計学園の問題では微妙な違いもある。加計学園は獣医学部を新設すべきかどうかという大きな政策目標が絡んでいただけに、安倍首相の友人が渦中にいたとはいえ、全体の枠組みをみると個別案件とは言えない。

それはさておき、ここまでの説明で内閣人事局の問題点が明確にみえてきたと思う。政策と人事が歪みながら絡んでいることだ。上位の政策に人事が絡むことは正常だ。例えば、安全保障で総理をはじめとした官邸が出した方針に従わない幹部官僚がいたなら、迷うことなく更迭すべきだ。そんな人事を官邸の横暴だと批判する人はいないだろう。その一方で、個別案件に官邸主導の人事が絡むと行政は歪んでしまう。

今後、官邸主導の人事を正しく運用するためには、この歪みを正す必要がある。そのためには、歪みの原因を明らかにした上で、解決策を示す必要がある。

まず、歪みの原因は何だろうか？　それは総理の取り巻きだ。官房長官を首相の取り巻きの一人に入れるかどうかは議論があるとして、首相の意向や気持ちを自分勝手に汲んで、いや、空想して、自分に有利になるように各省に圧力をかける政治家や官僚が存在する。その取り巻き集団が官邸主導体制になってから跳梁跋扈しだしている。具体的に言えば、官邸、内閣官房、内閣府に属する幹部官僚と考えればいい。

彼らの一部は政治任用者だ。採用を軸に公務員を分類すると、大きくは二種類に分かれる。国家公務員試験を受け、国家公務員法が適用される資格任用。もう一つは国家公務員試験を受けず、国家公務員法も適用されない政治任用。政治任用者は試験も受けずに、時の政権の意向で公務員になるため、政権と出処進退を同じくすることが多い。具体的な規定で言えば、国家公務員法第2条で特別職に指定されている一部のポジションということになる。

政治任用制度を包括的に研究している出雲（2014）によれば、政治任用にもさまざまな種類があるが、ここでは、国会議員との兼職が可能な議員登用型政治任用、公務員・民間人登用型の政治任用の二つを中心に考えてみる（なお、議員・公務員・民間人の三者の誰でもなれる政治任用職もある）。

政治任用者は政治家と出処進退を共にするとはいえ、日本での運用をみていると、政と官の間を取り持つ接着剤の側面も強い。わかりやすい事例で言えば、官房副長官があげられる。官房副長官は3人いるが、事務を扱う官房副長官は官僚経験者（旧内務省出身者）が就くのが慣例となっている。霞が関を知り尽くした人間として、政治家と官僚の間に入って仕事をさばく難しいポジションだ。政官両者の話に耳を傾け、時には、政官どちらにも厳しい意見を言わなければいけない。

ただ、官邸主導体制が強まるにつれて、政治任用者の立ち位置が微妙に、いや、あからさまに変化している。少なくとも政官の接着剤ではなくなっている。官邸の顔色を伺うというレベルではなく、官邸からの命令を忠実に各省に押しつける、時には、官邸からの命令を大げさに叫んで、各省の現場を萎縮させる。こういう事態が起こっている。ここに内閣人事局も深く絡みついている。

彼らを「官邸官僚」と呼ぶことにしよう。その範囲をどう捉えるかは難しいが、官邸・内閣官房・内閣府の三つの執政機能に巣くう官僚と捉えることにしよう。官邸で言えば、格段に重みを増している首相秘書官であり、内閣官房で言えば、官房副長官を基点に3人の内閣官房副長官補、副長官補を補佐する内閣審議官、課長級の内閣参事官であり、内閣府の一部幹部ということになる。

仕事の流れで言えば、大きな仕事は首相・官房長官・首相秘書官から直接下りてくる（官邸から直接各省幹部に命令が下ることもあれば、形式的とはいえあくまで大臣を通じているフォーマルなものもある）が、多くは首相や官房長官から官邸の意向として官房副長官に伝えられたあと、官房副長官は3人の副長官補に下ろし、そこから内閣審議官・参事官を通じて各省に伝達されていく。そういうイメージを持つとわかりやすい。もちろん現実の政策プロセスはもっと複雑なので、官邸官僚の誰かが首相や官房長官の耳元で囁いたことが、そのまま官邸の意向として各省に下りてくることもある。だが、ここでは、あくまで理念型的なモデルということで了承願いたい。

政治家の如く振る舞うが政治家のようには追及されない官邸官僚

それでは、政治任用の何が問題なのだろうか？

ずばり、曖昧なことである。日本の公務員制度では政治任用の範囲は極めて狭い。官邸周辺のごく一部のポストが政治任用になっているだけで、各省ベースでは大臣・副大臣・政務官・政務秘書官を除いて、政治任用のポストはない。歴史的に各省の事務次官を政治任用にすべきかどうかは論争になってきたが、戦後は資格任用者として安定した取り扱いを受けている。

安倍政権では官邸官僚という言葉が世間を賑わしたが、彼らの多くは公的には政権と出処進退を共にする政治任用ではない。図表4－3をみればわかるように政治任用＝国家公務員法の適用を受けない特別職公務員はきわめて狭く、官邸官僚の多くは国家公務員法の適用を

図表4−3　特別職公務員一覧（2024年2月現在）

国家公務員法第二条では、「国家公務員の職は、これを一般職と特別職とに分つ」として、以下の職を特別職として掲げている。

一　内閣総理大臣
二　国務大臣
三　人事官及び検査官
四　内閣法制局長官
五　内閣官房副長官
五の二　内閣危機管理監
五の三　国家安全保障局長
五の四　内閣官房副長官補、内閣広報官及び内閣情報官
六　内閣総理大臣補佐官
七　副大臣
七の二　大臣政務官
七の三　大臣補佐官
七の四　デジタル監
八　内閣総理大臣秘書官及び国務大臣秘書官並びに特別職たる機関の長の秘書官のうち人事院規則で指定するもの
九　就任について選挙によることを必要とし、あるいは国会の両院又は一院の議決又は同意によることを必要とする職員
十　宮内庁長官、侍従長、東宮大夫、式部官長及び侍従次長並びに法律又は人事院規則で指定する宮内庁のその他の職員
十一　特命全権大使、特命全権公使、特派大使、政府代表、全権委員、政府代表又は全権委員の代理並びに特派大使、政府代表又は全権委員の顧問及び随員
十一の二　日本ユネスコ国内委員会の委員
十二　日本学士院会員
十二の二　日本学術会議会員
十三　裁判官及びその他の裁判所職員
十四　国会職員
十五　国会議員の秘書
十六　防衛省の職員（防衛省に置かれる合議制の機関で防衛省設置法（昭和二十九年法律第百六十四号）第四十一条の政令で定めるものの委員及び同法第四条第一項第二十四号又は第二十五号に掲げる事務に従事する職員で同法第四十一条の政令で定めるもののうち、人事院規則で指定するものを除く。）
十七　独立行政法人通則法（平成十一年法律第百三号）第二条第四項に規定する行政執行法人（以下「行政執行法人」という。）の役員

受ける一般職国家公務員である。それにもかかわらず、官邸に忖度する政治任用者の如く振る舞ったということだ。

具体的に言えば、官邸という「虎の威」を利用する首相や官房長官の側近官邸官僚、そこから少し離れた準側近官邸官僚、そこからさらに距離のある官邸官僚志望者などが、自らの立場を利用して各省に陰に陽に働きかけていることが政策に歪みをもたらしているのだ。

例えば、首相秘書官を出している財務や外務などは官邸の空気や意向がわかるため、官邸の意向を踏まえた政策立案もできるが、官邸との距離が遠い役所の場合、出向している内閣官房参事官を通してしか官邸の空気がわからない。いきおい、どこの役所も参事官を重視することになり、彼らが勘違いをしやすくなってしまう。『選択』（2019年6月号）では、「官邸や内閣官房は参事官のスタンドプレーだらけ。多少無理筋でも派手な提案をして、うまく目立って首相や官房長官の寵愛を受ければ勝ち。失敗したら役所が上げてきた政策が悪かったせいにしておしまい。異常な世界です」という内閣参事官経験者のぼやきを紹介している。

彼らの多くは国家公務員法の適用を受ける一般職だ。それにもかかわらず、その動きは政権と出処進退を共にする政治任用者のように偏っている。その一方で、一般職の国家公務員であるため、服務規律などはあるものの、身分は保障され、国会で答弁に立たされたり追及されたりすることもない。官邸官僚はおいしいとこ取りなのだ。総理や官房長官の権威を利用して政治家のように振る舞って一般職の公務員に命令を下しながら、都合が悪くなると、自分は一般職の公務員だと逃げることができる。この鵺《ぬえ》のような存在を許したことが官邸主導システムの歪みにつながっている。ここをまず正すべきだ。具体的には、政治任用者の範囲を拡大して、官邸官僚を縛る法令を作って、民主的統制に服させるべきだ。

今後も政治任用の扱いを曖昧なままにすると、さまざまな問題を引き起こすことは目に見えている。なぜなら、官邸官僚は今後も猛威をふるう可能性が高いからだ。

90年代半ば以降、さまざまな改革が行われる中、政治家、学者、弁護士、コンサルタント、ビジネスパーソン、官僚とさまざまな政治任用者予備軍が現れたが、第二次安倍政権で機能した官邸官僚と、多数の政治家が政権に入って機能不全に陥った民主党政権との比較からもわかる通り、政策立案から調整までを含めた政策知に優れているのは官僚であり、政治任用者の主な人材源は官僚（元官僚）であることがはっきりしたからだ。非常勤の内閣参与などに民間出身者が登用されることがあったとしても、ライン業務を担う政治任用者の主な人材源は今後も官僚だと予想することは、それほどはずれていないだろう。

そうであれば、政治任用者と一般職の国家公務員は明確に線引きしたほうがいい。既述した出雲（２０１４）は、今後、公務員・民間人が登用される政治任用の範囲を拡充しようとするのであれば、政治家が兼職可能な政治任用とは別に規定することが望ましいと述べているが、その通りだ。政治任用者の範囲を明確にし、規範を作るべきだ。今のままでは、官邸独裁というより、政治家の陰に隠れて民主的な追及を受けない官邸官僚独裁体制にさえなってしまう。

その上で、政策と人事が歪みながら絡むのを防止するために、政官を完全に分離すべきだ。政治とのさまざまな調整はすべて政治任用者と事務次官や局長などごく一部の官僚に担ってもらい、審議官以下の官僚は企画立案業務に専念する。現在、有名無実化している政官接触記録制度を厳格に取り扱う措置を導入するのだ[5]。

政官関係の歪みを正すために

それでは、①公正中立に比重を置いた内閣人事局制度、②政治任用制度の拡充、③政官の完全分離の三つがそろうだけで、官邸主導でありながらも中立性が守られた官僚制度が出来上がるだろうか？

それはそうとも言い切れない。人事権を濫用して自分の権力基盤を築こうとする政治家はこれからも必ず出現するだろうし、出世のためなら魂を平然と売り渡す〝ファウスト官僚〟も後を絶たないだろう。

例えば、元経産省官僚で農林水産大臣を務めた齋藤健氏は「古来、官僚は人事権者にこびるものだ。仮に国家公務員の幹部人事を一元管理する内閣人事局を廃止しても、こびを売る相手が変わるだけ。問題の本質は志を捨て、こびを売る官が増えていることであり、筋を通す官僚を懐深く評価する政治家の度量の有無だ」と述べているが（「日本経済新聞」2018年9月17日付）、今求められているのは、政官の役割分担を明確にし、政官それぞれのあるべき姿を定めて霞が関や永田町に浸透させていくことだ。

それと同時に官僚自身が勇気と誇りをもって政治や世間に向き合うことだが、現状はどうも心もとないところがある。

「日本経済新聞」（2018年4月23日付）は、「人事はすべて官邸で決めているように言われるがそんなことはない。8割方は各省からあがってきた案のままだ」という官邸筋の証言を取り上げている。官房長官がどれだけ人事を手段として使う人間だとしても、600人近い幹部人事をみるのは不可能に近いし、官房長官と近い立場にいて、霞が関に精通している官邸の権力者にしても、それは不可能に近い。

安倍政権が人事をフルに使ったとは言われるが、実際のところは、霞が関に衝撃をもたらすようなごく少数の象徴的人事を行っただけ。それをみて、官僚は震え上がって官邸の意向を気にするようになった。

何とも情けなさ過ぎないか？　最強のエリートと言われる官僚が、ごくわずかな抜擢人事に震え上がって、官邸に過剰に忖度してしまう。

菅官房長官に左遷されたと言われる総務省自治税務局長だった平嶋氏は「役人が恐れるのは、人事の影響を受けるのは自分だけではないと思うからです。直属の上司、その上の上司、部下、ひいてはトップの事務次官、大臣らの人事にも響く、と感じています……」（「日本経済新聞」２０２０年9月12日付）と述べている。集団仕事と人間関係に絡め取られる身から言えば、理解はできるが、ここまで深く考えている官僚などどれだけいるだろうか？　受験競争の延長で、とにかく競争に打ち勝つという思いで、出世だけが自己目的化している官僚のほうが多いのではないか。

改めて、歪んだ政官関係を正すためには、何が必要なのだろうか？

ここでは、英国を中心に諸外国を参考にしながら官僚の中立性を論じている嶋田（２０２

0）を参考にしながら、二つ提言したい。
一つは政治家や官僚が守るべき規範である。英国では大臣と行政官がそれぞれ取るべき行動、取ってはならない行動を詳細に明記していると嶋田は指摘しているが、翻って日本で、いや、役所という職場で見たことがない。これまで官僚出身者の政治家などが「官のあるべき姿」などを語ってきたことはある。例えば、「議論は尽くせ、それでも決まったら従え」といったことは、何となく霞が関に膾炙《かいしゃ》している様相はあるが、政官に原理原則として浸透しているかどうかは疑問だ。

もう一つは、国会の監視機能である。英国では議会や司法府が大臣の官僚に対する振る舞いなどを常に監視しており、大臣側の行動が理不尽であれば是正を求めるという。下院特別委員会は特に強い権限を持つというが、現在の政治情勢を考えると、日本にも同様の措置が求められるのだろう。だが、今なお官僚叩きで世論ウケを狙うという行動が抜けきらない野党に、果たしてそんなことが期待できるのか。

まずは政官のあるべき規範を作ったあと、官僚を虐める政治家をどう監視するのか、その仕組みをじっくりと考える必要があるだろう。

第五章

政治家の下請けになったとぼやくエリート官僚

三重苦に襲われる官僚たち

日本人と言えば勤労意欲の高さが思い浮かぶが、それはもはや過去の話。経産省が発表した「未来人材ビジョン」（令和4年）が提示している統計からは、日本人の勤労意欲が減退していて、国際比較しても「ワークエンゲージメント」が露骨に落ちていることが、はっきりと読み取れる。

それは官僚も同じだ。やる気をなくしているどころか、うつなどの精神疾患が増えていること、早期退職する者が増えていることも周知の事実だ。

それでは、なぜ、日本の誇り高きエリートである官僚が、やる気を失ったのか？

ここでは、次のような理由があげられる。まず、労働環境が悪化したことだ。ブラック霞が関と呼ばれるような長時間労働は、今以てまったく是正される気配がない。

二つ目は仕事の中身と質だ。官邸主導システムを導入した結果、政策の企画立案・調整・執行という政策形成過程の三段階で、官僚が果たす役割は大きく変化した。この章で特にフォーカスするのが、政策の企画立案という知的業務が官邸に独占される一方で、無味乾燥な根回しや調整だけが各省に投げられる状況である。

三つ目は、未知の仕事が増える中で、官僚が適応できなくなっていることだ。エリートだとは言うものの、デジタル化への対応など官僚がこなせない仕事が増えているし、外郭団体が少なくなったことで民間企業に頼らざるを得ない構造も浮き彫りになりつつある。それだけではない。実は、官僚がいまだ政策の主導権は握っていたとしても、有効な政策をひねり出せるかどうかは疑問だ。

この三つが相まって、主体的に仕事をするというよりも、誰かにやらされているという下請け的な気分が蔓延している。三つそれぞれ単独なら問題はないのだ。いくら労働条件が悪くても、仕事は自分たち官僚が主導していると思えれば、いくらでもやる気は出てくる。しかし三つが同時に起こっていて、とてつもなくネガティブな相乗効果を生み出している。それだけではない。官僚がやる気を失い、各省が制御不能状態に陥りつつあって、政府が機能不全を起こし始めているのではないか。これが本書が提示する仮説である。

ブラック霞が関だけで官僚のモチベーションは下がるか？

労働条件が悪すぎる。とにかく拘束時間が長い。ブラック霞が関を象徴する国会待機などはもはや誰もが知るようになった。労働時間を減らす地道な取り組みは行われてはいるものの、基本的な構造は変わっていない。それどころか、コロナ禍では常軌を逸した「殺人的」とも表現していいような長時間労働が露呈した。

ただし、霞が関の長時間労働はもはや伝統行事の域と言っても過言ではなく、かつては長時間労働であってもモチベーションは低下しなかった。

人事労務管理の環境が大きく変化したことのほうが影響は大きい。一言で言えば、キャリア官僚のプライドを大きく傷つけ、モチベーションを低下させる変化が起こったのだ。その象徴は、以下に掲げる五つの人事慣行が崩壊しつつあることだ。

①同期横並びで本省課長クラスまでは昇進できる。

②後輩が先輩を追い抜くことはない（年次による出世）。

③ある程度の規則性を持っていて予測可能な昇進レース。

④降格などの不利益処分はなされない。

⑤斡旋によって天下りが保証される。

例えば、天下り抑止のために勧奨退職がなくなった結果、官僚の多くは定年間際まで働くようになったが、そうなると当然のことながら、管理職や幹部職員の年齢が上昇する。幹部ポストが増えるわけでもないとなると、昇任するまでの勤務年数が従来よりも長くなる。エリートの証《あかし》であり、モチベーションとなっているのは、短期間でのスピード出世であることを考えると、やる気をなくす官僚が増えるのは当たり前である。

仮にエリートキャリア官僚制度が否定されているというのであれば、それに代わるような新たな魅力があればいいのだが、そのようなものが霞が関に醸成されている気配はない。例えば、2017年に人事院が行った30代職員へのアンケート調査では、今後のキャリア形成の方向性について「どちらかというと自分の専門性・強みを高めていきたい」と回答した者が最も多かったが、従来と同じく人事異動のサイクルは非常に短く（2年～せいぜい3年）、特定分野の政策知識が深まらない。

その一方で、「上司からの支援の欠如」や「上司からの否定的な評価」もモチベーションの低下につながっている（「人事院白書」平成29年度に掲載の図7－2）。さらに、若手実務担当者（係長級など）についていえば、外部からの苦情などカスタマーハラスメントに相当する言動への対応を余儀なくされている（「人事院白書」令和2年度）。例えば、職員数が減っているにもかかわらず、苦情電話が増えている（2021年は前年に比べて少し減少しているものの）ことから、職員一人当たりが抱える苦情相談件数が激増していることも大きな要因となっている（「人事院白書」令和2年度に掲載の図1－3）[6]。

官邸主導システムは官僚から何を奪ったのか

官僚のやり甲斐、志望動機というのは、今も昔もそれほど変わらない。人事院が行う総合職新規採用職員へのアンケートでも、志望動機としてあげられるのは「公共のために仕事ができる」「仕事にやりがいがある」「スケールの大きい仕事ができる」の三つである（直近では「人事院白書」令和3年度を参照）。

公共のために仕事ができるという、きわめて優等生的回答はさておくとして、スケールの大きな仕事ができるというのは、官僚に共通する思いだろう。その背後に、公共心があることは否定しないが、もっとどろっとした本音は、世の中に影響力を与える仕事をしたいという思いだ。

それも自分が主体、主役として影響を与えたい。給料が安くても長時間労働でも、自分が主体として影響力のある仕事ができるなら官僚冥利に尽きる。それが嘘偽りのない本音である。

それでは、官僚はどういう時に、そのような実感を抱くのだろうか？　それをひもとくに当たっては、政策形成プロセスを紹介しておく必要がある。さまざまな研究があるが、官僚としての実体験に照らすと、大まかには、①政策の企画立案、②政策形成過程の調整、③政策の執行という三段階に分かれている。政策の執行は国の出先機関なり地方自治体で行われるのが一般的なため、官僚がやりがいを感じるのは、政策の企画立案と調整という二つになるが、その比重は圧倒的に政策の企画立案である。自分が主役として考えた政策が法律や予算の形になって世の中に大きな影響を与えている。それを実感した時、官僚は長時間労働や苦労に見合わない給料や、パワハラが横行する永田町や霞が関の世界でも、腹を据えて生きていこうと思えるのである。

その状況が今や完全に崩れている。マスコミが頻繁に報道しているように、特に、第二次安倍政権になって、それが顕著になった。以下では、それを実証するために、従来の政策形成プロセス（各省割拠主義）、小泉政権下の政治主導、第二次安倍政権下の政治主導の三つを比較した上で、なぜ、第二次安倍政権になってから、官僚のモチベーションが大きく落ちたのかを説明してみよう。

図表5-1は、政策形成プロセスを各省割拠システム、小泉政権、第二次安倍政権の三つに分けて比較したものである。比較軸は合計六つである。①官僚がどれだけ主体的に政策を考えることができるか、②官僚の政策知識が求められる（役立つ）か、③役所内での議論の

図表5−1　政策形成プロセスの比較

	政策の企画立案（主体性）	政策知識の深化	省内議論の活発度	スピード感	根回しエネルギー	人事（報復の恐怖）
各省割拠モデル	強	強	強	遅い	強	弱
小泉内閣モデル	中	強	中	中	強	弱
安倍政権モデル	弱	弱	弱	速い	弱	強

活発度合いはどうか、の三つは政策の企画立案に影響を与えるファクターである。自分たちが主体として、持てる政策知識をフル活用し、役所内で侃々諤々《かんかんがくがく》の議論をして、自分たちが納得いく政策を打ち出せるかどうかを計る視点ということである。

それに対して、④スピード感、⑤根回しエネルギーは政策の調整に関わる事項である。政策を考え出したはいいものの、実行に移すために関係者を説得するなどに異様なエネルギーがかかり、挙げ句の果てには、実行に移すまで数年要するといったスピード感のなさである。

そして最後は⑥人事である。どういう政策を打つかで経済や社会が大きな影響を受けるとすると、政策の成否は人事に大きな影響を与えるが、これまでの霞が関では（集団労働の日本では民間もそうかもしれないが）、政策の成否がどこまで人事に影響を与えたかは未知数なところがあった。ここでは、その賛否は問わない。問われるのは、政策が人事に影響を与えるかどうかである。一生懸命にやった仕事で、しかも、政治が絡むだけに不確定要因が大きすぎる世界で、人事で責任をとらされればたまったものではないと、現場の官僚は考えるはずだ。そういう発想からファクターとして付け加えてある。

図表5－1では、それぞれの項目で評価をつけている。あくまでモデルであるため、現実の個々のケースでは食い違いがあると思うが、それほどずれているわけではないだろう。例えば、１９９０年代前半までの各省割拠システムでは、政策の企画立案は各省で行われるため、主体意識を高め、政策知識を深めるだけでなく、省内議論は活発に行われていて、官僚はみな今と違ってモチベーションを保っていた。その反面、各省折衝や族議員や業界への根回しで疲弊するほどのエネルギーを使わされた挙げ句、政策にはスピード感がないというのが一般的だった。

結局、各省割拠システムでは、官僚のやりがいは別として、日本国全体からみれば、必要な政策をスピード感をもって打ち出せないというマイナスがあまりにも大きすぎて、官邸主導システムに取って代わられた。その一方で、90年代半ばに導入されて20年程度しか経過していないというのに、すでに政治主導システムの矛盾があちらこちらで吹き出している。

各省の係長クラスの末端官僚から政策をあげていくボトムアップ形式は、あまりにも時代遅れになっている。その一方で、政治（官邸）が何でも決めてしまうために、現場の官僚はやる気を失っている。それだけではない。政治主導で社会経済に資するような政策が打ち出されているわけでもない。

なお、お気付きかと思うが、民主党政権の官邸主導システムは除いた。民主党政権の政治主導システムは多くの政治家が政府に入り、官僚がやっていたような仕事まで政治家自らが行う一方で、官僚は本来の知的業務や政策の執行に専念するという政官分離モデルである。だが、東日本大震災が起こり大混乱に陥ったこともあるが、システムを運用する以前の問題をいろいろと抱えて、あっさりと瓦解したからである。

前振りが長くなった。**図表5－1**にそって、第二次安倍政権下でなぜ官僚がやる気を失っていったのかを分析してみることにしよう。

第二次安倍政権で、官僚がやる気を喪失した原因

官僚という仕事の醍醐味は、自分が考えた政策が形になって世の中に影響を及ぼすことにあるが、第二次安倍政権になってからは、有無を言わさず、いきなり官邸から方針が示されるようになった。「これでやれ」と命令される。しかも、その命令が絶対的なものであると

したら、どうだろうか？　意思のないロボットであり、都合良く長時間労働をさせられる下請け労働者……。誰だってそういう感覚になる。これが第二次安倍政権で官僚が感じたことだった。

ここで話をわかりやすくするために、小泉政権と第二次安倍政権の官邸主導がどう違うかを示しておこう。

まず、政策決定の中心である。小泉政権は経済財政諮問会議、第二次安倍政権は官邸である。両者ともに各省ボトムアップとは異なるが、政策の企画立案者が誰かは大きく食い違う。小泉政権では民間議員と言われる学者や財界人が「民間議員ペーパー」と呼ばれるものを提出し、竹中平蔵大臣とともに政策の発議権を握った。それに対して、第二次安倍政権は官邸という冠は付くが、官僚があくまで主体だった。

ただ、小泉政権はトップダウンで一方的に物事を決めるわけではなく、会議に出席する大臣を通じて各省の意思を反映させることもできた。最後は小泉総理が決断する形をとること、改革をメインにしている政権であるため民間議員ペーパーに引きつけられる可能性が高いことを考慮したとしても、各省が意見を発出できたという点は大きい。やり方次第では、自分たちの思い通りにできたし、根回しのしがいもあったからだ。各省の官僚が巻き返しを図れる余地があったのは大きい。

最後は透明性である。経済財政諮問会議の場合、表面的な会議の前に水面下でさまざまなやりとりが行われていたとしても、最終的には会議で決まるという透明性があった。だが、第二次安倍政権ではどういう経路で物事が決まっていたのかがはっきりしない。たしかに、官邸ではさまざまな会議体が設置されはしたが、そこで決まるというよりも官邸内で秘密裏に決まっている印象のほうがはるかに強い。

この違いを踏まえて、第二次安倍政権で、官僚の多くがなぜやる気を喪失していったのかを分析してみよう。政策の企画立案段階に不満が集中しているのが特徴だが、主なものをまとめると以下のようになると考えられる。
①政策のアイデアを考える権利を奪われたこと。既述したように、いきなり官邸から「あれをやれ」「これをやれ」と命令される。また、官邸や総理周辺に都合の悪い主張や考えはあっさりとかき消され、否定される。
例えば、伊勢志摩サミットの際、突然、各国首脳に配布された参考データでは、2017年4月に予定していた消費増税再延期に向け、世界経済がリーマンショック前夜に近い

と説いていたが、各省庁が直前まで知らなかったパワーポイント資料の作成者欄には今井尚哉総理秘書官の名前があった（「日本経済新聞」２０１８年６月26日付）という。

②各省の官僚に裁量がまったくない。政策の方向性が決められているために、ロボットのように仕事をするだけ。その一方で、細かな部分は詰められていないので、時間とエネルギーを要する部分だけを担わされる。

③上記二つと重なるが、とにかく見栄えがよく総理や官房長官などが気に入る政策を出してこいと命令される。例えば、経済官庁の幹部は官邸から「もっと首相との『シンクロ率』を高めて考え直してみろ」と官邸官僚から叱責された経験があるという。この幹部は「政策の中身より、首相の意向に沿うよう求められたことに強い違和感を覚えたという」（「日本経済新聞」２０１８年６月25日付）。

④一方的に命令され、しかも、官邸が気に入るものを提出しろと言われるため、省内での議論は封じ込められ、自分たちの専門知識もまったく発揮できない。ここにスピード感の重

視が加わるため、政策を実施した後にさまざまな課題が浮かび上がってきて、達成感よりは後味の悪さが残ることになる。「朝日新聞」（２０２０年9月13日付）は、スピード重視のあまり「ちゃんと議論されることなく政策が決まることが増えた」という文科省職員の証言を紹介している。

⑤閣僚が打ち出した方針でさえ、否定されることである。政治家であり最高責任者でもある大臣でさえ官邸から梯子を外されるとあっては、現場の官僚としては何もやりようがない。一例として、認知症施策、妊婦加算、学童保育に関して、当時の根本匠厚労大臣の答弁や意思に反する方針が官邸主導で決められたことを「朝日新聞」（２０１８年12月27日付）が報じている。

⑥この五つに政策の企画立案段階の鬱憤は集約される気がするが、もう一つ付け加えるとすると、一体、官邸の誰が命令しているのかがわからないということである。首相自らが指示命令を下すのであればいいが、「官邸の意向」などと曖昧な命令が来た場合、それが本当だと信じて行動していいかどうか。官僚たちが覆面で行う恒例の週刊誌の座談会におい

て、内閣府の官僚は「官房長官周辺の指示はわれわれにもわかりやすい。政策重視の的確な指示が多く、「あ、これは菅さんの指示だな」というのがよくわかる。その一方で、首相周辺は「首相のご意向」と言う割には、「本当に安倍さんが言っているのか?」「自分たちに都合よく忖度して言っているだけだろう?」と勘繰ることが多いですね」と発言している（『週刊朝日』2018年9月14日号）が、実際のところ「官邸筋」「官邸の意向」「首相の意向」という言葉をめぐって、胃がきりきりするようなストレスを抱えている官僚は多い。

⑦ここから七つ目として出てくる最大の不満は、昨日まで自分と同僚だった官邸官僚になぜ、ここまで命令されなければいけないのかという屈辱である。かつてであれば、何でも口出ししてくる〝インベーダー〟と蔑んでいた経産官僚が、事務次官になれなかったアウトローの官僚が、なぜ閣僚以上の権力を握り、自分たちに命令しているのかという屈辱である。

それは、経産省内閣と言われた第二次安倍政権において、経産省自身が官邸の下請け機関と化して疲弊しているという現象に如実に表れている。第二次安倍政権で強い影響力を発揮した今井秘書官や長谷川広報官らは出身の経産省から送り込まれたわけではなく、安倍氏との個人的な関係から官邸入りした。彼らには経産の省益などもとより念頭にないだろうが、経産省の熱は違う。多くの身内が官邸に入ったことから、政権発足当初は省内に高揚感があったという。だが、やがて官邸の下請けと化す場面が目立つようになる中、「若手は官邸からの宿題をこなすのに精いっぱい。『成長戦略疲れ』だ」と、経産省幹部はため息をつくようになった（「朝日新聞」2018年8月1日付）。

従来、各省にまたがる大きな政策課題の場合、容易に物事が進まないというマイナス面がある一方で、各省を平等に扱うため、一旦合意ができれば、心地よく仕事を進められた。だが、自分たちと同列と思っていた官僚が官邸の威光を笠に着て一方的に命令する。現場がやる気をなくすのは当然だろう。

⑧これだけ屈辱的な思いをしているのに、うまくいかなかったり、消極的な姿勢をみせたりすれば、即座に人事で飛ばされることである。しかも、官邸に命令された政策で、自分が望みもしない政策の出来不出来で人事評価されるのは屈辱を通り越している。例えば、政策そのものにダメだしされることはかつてもあったが、安倍政権では、政策そのものだけでなく、政策を提案した官僚個人も「あれは駄目だ」と評価されると官僚たちはささやき

合っているという（「朝日新聞」２０２1年1月12日付）。

トップダウンの功と罪

その一方で官僚の思いを複雑にしているのは、官邸主導体制に納得せざるを得ない側面があることだ。まず、政策調整に要する労力が少ない。官僚経験者なら誰でもわかるが、「紙爆弾」と称する資料ばかりを無駄に作り、各省が全員合意できるまで繰り返していた各省折衝がなくなったことは大きい。自民党の関連部会への説明に多大な労力を費やす必要がなくなったことも大きなメリットだ。

とにかく各方面との調整に途方もないエネルギーを費やす各省基盤の政策システムと違って、官邸の鶴の一声ですべてが驚くべきスピードで進んでいく。これまでの消極的・積極的権限争いの不毛さを改めて思い知った官僚は多かったことだろう。実際、筆者が役所にいた頃も、「政治家がトップダウンで決めてくれれば早くすむのに」と嘆く声が多かったことを思うと、官邸主導には大きな利点があることは間違いない。

また官邸主導により、各省が不毛な争いをするのではなく、協力し合うことで政策が機能するケースも出てきた。メディアで頻繁に取り上げられるのが熊本地震時の対応である。熊本の頭文字をとってK９と言われる事例だが、杉田官房副長官をトップに、各省の９人の局長が官邸に集結し、初期対応を的確にやり遂げたことから、今後の災害対応のモデルになるとさえ言われた。各省割拠主義では、各自が縄張りにこだわり、十分な協力体制が築けなかったことを考えると、官邸主導システムの効果を示した好例と言えよう。

ただ、各省折衝での苦労もなく、官邸が掲げる政策に関してだけはあっさりと通ってしまうことへの不安が、やがてモチベーションの低下につながっていったことも間違いない。

例えば、第二次安倍政権は目玉政策がころころと入れ替わって総花的だった。野党の提案を飲み込んでウイングを広げた側面もあり、一億総活躍、全世代型社会保障のように成長戦略の枠に収まりきらないものも多かった。しかも、統一された政策理念の下に体系的に政策を進めるわけではないため、主要政策や目玉政策以外の政策は各省ベースで進められた。

その場しのぎ、官邸の好み、世間受けなど政策に一貫性がなかったということに関しては、以下の事例も参考になる。例えば、菅官房長官が関心の強いテーマの政策は「スガ案件」と霞が関では囁かれ、菅官房長官肝いりとして推進されたという。その象徴的なキーワードが「地方」「観光」と言われる。また、ニッチなテーマも菅官房長官の関心事項らしく、ジビエの利活用もその一つと言われる（「朝日新聞」２０１７年7月19日付）。実際、菅官房長官の関心事項だからなのか、農林水産省所管で害獣やジビエに関連する「鳥獣による農林水産業等に係る被害の防止のための特別措置に関する法律」（鳥獣被害防止特措法、２００７年策定）は、２０１２年、14年、16年、21年と頻繁に改正されている。切迫した情勢があったとしても、限られた法律しか審議できない国会情勢を考えると、改正頻度としては不気味なくらいに高い。

自分が所属する役所の政策が国政の中心になったり、中核の政策に位置づけられたりすることはやりがいにはつながる。だが、それはあくまで自分たちが主体的に関わっていて、客観的に考えても、政府内で優先順位が高いと思える時だ。百歩譲って、政権交代などに伴って重要度が増したとしても、それは何らかの理念や思想に基づいていないと、納得感を得ることは難しい。

政策の大きな絵柄を現場を知らない官邸官僚が打ち出したことも、現場のやる気を削ぐには十分すぎた。第二章で論じたように「経産省内閣」と言われた第二次安倍政権では経産省出身者がさまざまなアイデアを打ち出した。「財務官僚は過去問を解くことにはたけている。白地から何かを書く力は経産官僚の方が優れている」（経産省出身者談）と言われる通り（「朝日新聞」２０２１年１月29日付）、常に新しいアイデアを求める経産官僚の気質が数多くの看板政策を生み出したことは事実だが、派手に花火を打ち上げただけで、どこまで練られたアイデアか、どこまで目標が達成されたのかは今なお不明なままだ。

経産省への悪口は昔から霞が関に蔓延っていた。優秀な人材が多いのかもしれないが、国民生活に大きな影響を与える重い制度を持たないためか、アイデアだけで走りがち。社会保障にしても財政にしても地方交付税にしても、重い制度を所管している役所や官僚は、アイデアだけでなく、政策を実施した後の影響を考えながら動く。経産省にしても事情は同じで、すべての経産官僚が軽いノリでアイデアをぶち上げるのではなく、資源エネルギー庁の官僚はもっと腰が重い印象のほうが強い。

さらに言えば、アイデアだけで突っ走った軽薄な政策の責任は誰が取るのか。特に失敗した時に誰が責任をとるのか。「朝日新聞」(2018年7月31日付)は3～5歳児の教育・保育無償化で待機児童が逆に増えるという批判が噴出しても、官邸は公約実現に向けて突き進んだと指摘する記事の中で、官邸官僚らが国会答弁に立つことはまずないし、仕事の大きな道筋がつくと、内閣官房に参集していた職員は席を引き払っていったという。

こうなると都合良く使われるのが各省の現場だ。少なくとも実務的には各省が責任を取るなり、政策の後片付けをするしかない。ただ、そこにはいくつかの懸念がつきまとう。いや、懸念という表現では甘いかもしれない。自分が望んで進めたわけでもない政策で、国会で喚問されたり、一つ間違うと官僚の職を追われたりするといった恐怖感だ。目立ったところでは、森友学園や加計学園の問題がそうだが、細かく検証していけば、もっと多くの事例が出てくるに違いない。

官僚を守るための制度が何ら整備されていない状況で、国会で野党から政策に絡んだ不祥事や問題を追及され、テレビ放映される予算委員会などで、自分は何も悪いことをしていないのに、まるで刑場につれて行かれる受刑者のような萎れた背中で、ふんぞり返っている首相や閣僚の苛ついた顔に怯えながら、野党議員につるし上げられる。ああいう哀れな姿をみていて、官僚になりたいと考える若者などいるだろうか？　しかも、ふんぞり返っている閣僚の多くは、世襲議員。実力で今の地位を勝ち取った人間でないとしたら……。

放送法の解釈変更問題をめぐる政策決定の複雑怪奇さ

第二次安倍政権で多くの官僚が苦悩したのは、自分たちが主体的に進めたわけでもない政策で、責任を追及されたためだ。ただ、官邸に押し切られて、消極的ながらも政策に荷担したのは事実。それが悩みを一層深くした。

各省に政策立案のイニシアティブがあった時、既存の政策が変わりにくく硬直的だという批判がある反面、誰が決めているかを特定するのはそれほど難しいことではなかったし、各省には良くも悪くも責任者としての自覚はあった。

官邸が絡めば、政策形成プロセスは複雑になり、責任は曖昧になる。必然的に、誰かに責任を押しつけたり、押しつけられる側が窮鼠猫を嚙むとばかりに反乱したりと、混沌とした状態になる。筆者の記憶では、第二次安倍政権ほど、霞が関発の怪文書や公文書の流出やリークが話題になった政権はないと思うが、官邸主導システムが続く限り、今後も同様の事例が出てくると考えられる。

以下では、官邸が政策決定に絡んだ複雑極まりないケースとして、放送法が掲げる政治的公平に関する解釈が揺れ動いた問題について取り上げてみよう。

放送法第4条は放送局が番組を編集する際、①政治的に公平であること、②報道は事実をまげないですること、③意見が対立している問題については、できるだけ多くの角度から論点を明らかにすることなどを定めている。従来、政治的公平性については一つの番組ではなく、放送局の番組全体を判断するという政府解釈が定まってきたが、２０１６年の2月の衆議院予算委員会において、当時の高市早苗総務大臣が従来の解釈から逸脱し、不偏不党から著しく逸脱する場合などには、一つの番組のみでも政治的公平に反する場合には行政指導がありうることや、違反を繰り返せば停波を命じると答弁した。その後、総務省はさまざまな修正を行って政府解釈に変更はないとしたが、詳細は割愛する。

この発言の余波を説明しておけば、この解釈変更のような答弁が影響したのか、各放送局では政権に批判的な出演者の降板が相次いだり、メディアの政権批判の姿勢が急に後退したと言われるようになったという証言も多い。

この発言が出た当時、安倍政権や高市大臣の右派的性格や印象もあって、両者がクローズアップされたが、事態は2023年になって思わぬ方向から岸田政権を揺るがす大きな事件へと発展していく。

立憲民主党の小西洋之参院議員が、安倍政権当時に総務省が作成したとして、放送法の政治的公平性に関わる内部文書を公表したからだ。これに対して、当時、総務相を務めていた高市経済安全保障担当相は自身の言動に関する記述について「まったくの捏造文書だ」と主張しただけでなく、捏造でなかった場合は閣僚や議員を辞職するかどうかを問われ「結構だ」と明言したことから、世間を騒がせた。

結論から言うと、総務省は、小西参院議員が公表した放送法の「政治的公平」の解釈を巡る78ページにもわたる文書について、内部文書であることを認め公表した。文書には14～15年に安倍政権の礒崎陽輔首相補佐官（当時）が「政治的公平」の解釈などの説明を総務省に問い合わせてから、高市総務相（当時）が従来の政府見解を事実上見直すような発言をするまでの経緯がまとめられていた。簡単に言えば、礒崎首相補佐官が首相の影をちらつかせて強引に総務省に政府解釈の変更を迫ったのだ。当事者の礒崎氏もツイッターで「従来の政府解釈では分かりにくいので、補充的説明をしてはどうかと意見した」ことを認めた。その一方で解釈変更に等しい答弁をした高市大臣は、自らに関する4枚の文書は「捏造」と主張した。

各種報道に基づくと、これについて松本総務大臣は、閣議後の記者会見で「総務省に保存されている文書と同一で、すべて総務省の行政文書であることが確認できた」と述べ、行政文書であることを認める一方で、文書の中身については、「関係者の認識が異なって正確性が確認できないものがあり、引き続き精査、確認を進めているが、8年が経過しており、いろいろな課題がある」と述べ、精査を続ける考えを示した。

また、作成者については、確認できたものとできなかったものがあるものの、前後の資料などから行政文書と判断したとしている。その後、総務省は23年3月22日、放送法の「政治的公平」の解釈をめぐる行政文書について最終的な調査結果を公表し、捏造があったとは「考えていない」との見解を示した。具体的には、15年に担当局長が当時の高市総務相に対し、政治的公平の解釈を説明したとの記載がある文書に関し、放送に絡む何らかの「レクがあった可能性が高い」と指摘したが、高市氏の国会答弁前に解釈に関連する説明をしたかどうかは確認できなかったと結論付けた。

筆者自身、この流出文書に目を通したところ、使われている文言などから考えて行政文書であることは間違いないと考えるが、本書で焦点を当てたいのは、放送法の解釈変更ではなく、磯崎首相補佐官というアクターが加わった複雑な政策形成プロセスであり、それに受け身的に巻き込まれ、挙げ句の果てに与野党の政争の狭間で立ち尽くさざるを得ない官僚の悲哀である。

官邸主導システム下で悩ましい「いつ誰に相談・説明すべきか」問題

この問題のどこが官僚のやる気を大きく阻害するのか。官邸が絡む政策形成プロセスは複雑で曖昧模糊としているという前提の上で、主な論点は二つだ。

一つ目は、これまで正義である（より実地な言葉に直すと、秩序と言ったほうがいいのかもしれない）とされてきたものを変更することに伴う苦痛だ。官僚にとって中立性や継続性という言葉は厄介だ。何が中立的なのかの判断は難しいし、継続することが役所の利権温存に絡むこともあって、必ずしも正しいとは限らないからだ。

ただ、過去から連綿と続いてきたことには一種の正義と合理性があるのも確かだ。過去の経緯を調べれば、それなりの理由があって現状に落ち着いており、その現状はみんなが納得する秩序でもあることから、いくら最高権力者からの命令であれ、それを変えることに抵抗感を覚えるのは自然である。放送法の中立とは何かといった複雑でデリケートな問題はさまざまな関係者を巻き込みながら、時々の情勢に大きな影響を受けつつも、その解釈が固まり、幾多の困難の中でも維持されてきたという経緯がある。それが権力者の鶴の一声でぐらっと揺らぎ、あっさりと変えられてしまう。こうなってくると、一体、自分だけでなく過去の先輩たちの仕事は一体何だったのかということになる。

もう一つは、政策形成プロセスの複雑さだ。「官邸の指示」とは具体的に何かという曖昧さだと言い換えてもいい。わかりやすくするために、先程の官僚主導と官邸主導の政策形成プロセスの**図表5－1**を参考にして説明しよう。

官僚主導であれば、自分たちが政策を企画立案し、根回しにも主体性がある。もちろん族議員という不安定要因はあるが、あくまで族議員は利害を共有する関係者である一方で、インフォーマルな存在でもあるため、その不協和音を封じ込めることは難しくない。その上で、最終的には、よほどの案件でない限り、担当大臣（この場合だと総務大臣）の了解を得れば、それで終わりということになる。すべて自分たちで主体的に仕事を処理できる。

それに対して、放送法の解釈変更をめぐるプロセスはまったく異なる様相を呈している。詳細は後にゆずるとして、ざっくりと経緯を説明すると、磯崎補佐官が放送法の解釈を変えられないかと総務省にねじ込んできた。呼び出しは何度もあって、首相にも了解を得ているという。押し込まれた総務省は、磯崎氏の指示に従って、総務大臣にも納得してもらった上で、最終的に国会で答弁を変更したというのが顚末である。

まず、官邸からいきなり頭ごなしに指示が来ている。しかも、首相補佐官は族議員のようなインフォーマルな存在ではなく、公的な存在であり、無視するわけにはいかない。首相補佐官にどこまで各省を指揮命令する法的権限があるのかを省内で検討したかどうか定かではないが、官邸主導システムで首相に各省を指導する強い権限が付与されている以上、首相補佐官の一言は大きい。

事態をさらに複雑にしたのは、首相の影がちらつくとはいえ、首相補佐官の指示を鵜呑みにしていいかどうかだ。放送法の解釈を変えるかどうかは総務大臣の権限だ。それに首相補佐官がここまで強気に口を出してきたということは、背後に首相がいるということだろうが、果たして本当なんだろうか？　疑心暗鬼は募るが、総理に直接問い質すことなどできようもない。

総理周辺や官邸内にはさまざまな権力者がいることも悩みを深くする。特に内政全般に責任を持つ官房副長官や官房長官は無視していいのだろうか……。第二次安倍政権の場合には、今井政務秘書官という大物秘書官の動きも考慮しなければいけない。特に、当時は、内政全般に絶大な権限を持った菅官房長官に説明することなく、こんな大きな話を進めていいのかという疑心暗鬼を越えた恐怖感のようなものさえ覚えたに違いない。

官邸内の様相がこれだけ複雑なところに大臣の存在が加わる。大臣にいつの時点で説明すればいいのだろうか。いっそのこと、大臣にすべて告白して、大臣と礒崎補佐官の二人にさしで話し合ってもらうか。一瞬、そんな妄想も湧いてくるのだが、官僚に染みついたDNAの賜《たまもの》か、それとも、政治家の怠慢なのか、なぜか健気で真面目な官僚は、そんな申し出さえできずに、政治家の間に入って苦悩する。

実際、流出した総務省文書（2015年2月24日総理官邸）では、安藤情報流通行政局長が

「……こちらから申し上げる話では無いことは十分に承知しているが、総理にお話しされる前に官房長官にお話し頂くことも考えられるかと思いますが」と述べたのに対して、磯崎補佐官は「何を言っているのか分かっているのか。これは高度に政治的な話。官房長官に話すかどうかは俺が決める話。局長ごときが言う話では無い。総理が（官房長官に相談しろと）仰るなら勿論話をする。この件は俺と総理が二人で決める話」と発言している。

「局長ごときが」という発言がいかにも政治家らしいことや、永田町や霞が関はパワハラまがいの恫喝がまかり通る世界であることを、これほど如実に示す会話はない。それはさておき、担当局長が官邸内の「誰に、どういう順番で話をすればいいのか」で苦悩している様子がよくわかる。特に、当時の菅官房長官は総務省に強い影響力を持つだけでなく、霞が関の幹部人事に絶大な影響力を持つ。磯崎補佐官には内密にしておいて、こっそりと菅官房長官には話しておいたほうがいいのではないか。いや、磯崎補佐官の激昂しやすい性格を考えると、ばれるとどうなるかわかったものではない……と、悩んだに違いない。

霞が関の根回しの世界では「いつ、どういう順番で、誰に、どういう資料で、ご説明申し上げるか」は神経をすり減らす重要事項である。各省割拠システムの場合は、自分たちに主体性があるので、根回しにもやりがいがあったが、官邸主導システムの下では何のやりがいもない。ただただ、曖昧模糊として複雑怪奇な人間関係を想像しながら、政治家にぺたぺた頭を下げるだけの、胃が痛い仕事に成り果てているということだ。

磯崎首相補佐官、高市大臣と総務省のやりとり

これを踏まえて流出文書から詳細な政策形成プロセスを追いかけてみよう。それによると、磯崎氏側（厳密には磯崎総理補佐官付）からアクセスがあったのは2014年11月26日のことで、電話ではあるが、「コメンテーター全員が同じ主張の番組（TBSサンデーモーニング）は偏っているのではないかという問題意識を補佐官はお持ちで、『政治的公平』の解釈や運用、違反事例を説明してほしい」という趣旨の発言を受けた。この時点ですでに、総務省側には緊張が走るくらいの問い合わせだったと思う。その後、磯崎補佐官本人へのレク（説明）などが繰り返されていく。

最初の対面での接触は11月28日。この日は、①これまで国会答弁を含めて長年にわたり積み上げてきた放送法の解釈をおかしいというつもりもない。他方、この解釈がすべての場合を言い尽くしているかというとそうでもないのではないか、というのが自分の問題意識、②「全体でみる」「総合的にみる」というのが総務省の答弁となっているが、これは逃げるため

の理屈になっているのではないか。そこは逃げてはいけないのではないか、③一つの番組でも明らかにおかしい場合があるのではないかということ。今までの運用を頭から否定するつもりはないが、昭和39年の国会答弁にもあるとおり、絶対おかしい番組、極端な事例というのがあるのではないか。これについても考えてほしい。有権解釈権は総務省にあるのだから、放送法の解釈としてもう少し説明できるようにしないといけないのではないかと、磯崎補佐官側から発言があった。

続く12月18日のレクでは、①番組全体でのバランスの説明責任はどこにあるのか。「番組全体でどうバランスを取っているのか問われれば、放送事業者が責任を持って答えるべきものと考えます」というような答弁はできないものか、②例えばコメンテーターが「明日は自民党に投票しましょう」と言っても総務省は「番組全体で見て判断する」と言うのか。反対する考え方には一切触れず一党一派にのみ偏る番組といった極端な事例について、もう少し考えてみてほしいとの発言があった。

さらにレクは短期間で続き、12月25日のレクでは、①国民の意見が分かれるような課題について、ある番組で一方の主張のみを放送した場合に、他の番組で他の主張について放送していれば政治的公平性が保たれている、くらいのことは言えないのか、②「国民の意見が二分される問題について、一方の主張をまったく放送せず、もう一方の見解に加担する番組を執拗に繰り広げるような番組」は一つの番組として政治的公平の観点から番組準則違反にならないのか。それはいくらなんでもおかしいだろう。他の番組とのバランスで判断されることはわかっていると前から言っている。一つの番組だけでは「どんなに極端な内容であっても政治的公平の観点では違反にならない」と国会で答弁するのかと、わかりやすいくらいに語気が強くなる。

翌15年に入っても磯崎補佐官本人と補佐官付への説明が繰り返され、放送法の解釈に関する国会答弁の変更（ここでは、従来の答弁は変えていないとは言うものの、補足説明が加えられたという点を考慮して、あえて「変更」という言葉を使う）について固まっていく。1月29日には、「高市大臣のご了解が得られれば、自分（補佐官）から今回の整理について総理にご説明し、（国会での質問等について）総理の指示を受ける形にしたい」との応答があって、その後、本件が煮詰まる段階で高市大臣へのレクが行われている。

高市大臣が捏造だと批判したレクだが、流出文書は具体的で、わざわざレクを捏造する意味がわからない。もちろん、大臣の許可なくメモは作られているため、細かな文言には疑義があるのだろうが、日時と時間が記録されているため、レクが存在したこと自体に疑いを差し挟む余地はないように思える。例えば、15年2月13日のレクでは「そもそもテレビ朝日に公平な番組なんてある？　どの番組も「極端」な印象。関西の朝日放送は維新一色……」と相当具体的な大臣発言が記録されている（ただ、高市大臣側に立って解釈すると、腑に落ちない点もある。それはメモが詳細なわりにはレク時間が短い点だ。相当具体的な発言が出てくる2月13日のレクにしても15時45分～16時の15分間にすぎない。一般的に、相当込み入った案件でない限り大臣レクは短いものだが、応答をみている感じでは、この中身を15分で行うことには疑問を感じる）。

ただ、いつどこで行われたのかは詳細にされていないが、「大臣レクの結果について安藤局長からのデブリ模様」（平成27年3月6日（金）夕刻）と題された文書の中では、高市大臣から「これから安保法制とかやるのに大丈夫か」「民放と全面戦争になるのではないか」「総理が「慎重に」と仰るときはやる気がない場合もある」「一度総理に直接話をしたい」という発言がなされている。タカ派的な印象の強い高市氏だが、発言内容を考えると、放送法の解釈変更に前のめりになっている印象は受けない。いずれにしろ、最終的には5月12日の参議院・総務委員会において高市大臣が答弁するという一連の流れになっている。

加計学園と放送法関連の流出文書事件の二つは、官邸が政策形成プロセスの中心に位置することの複雑さを浮き彫りにしている。総理や官邸が大方針を公に示した上で、政策を変えていくのが王道だとすれば、総理本人でもなければ、公にでもないところから指示が出ていて、政策の大方針でなく、限りなく個別案件に近い場合、各省は、政策の正当性、プロセスの複雑さ、自分の仕事に対する無力感（真面目で正義感の強い官僚だけだが）に苦悩することになるのは明白だ。

放送法の解釈変更に関わる案件の場合、15年2月18日に行われている山田真貴子総理秘書官へのレク（山田秘書官は旧郵政省出身であることから、主要人物、あるいは、官邸内の空気を推し量る目的を兼ねてレクしたと考えられる）が、官邸主導システムの複雑さを如実に示していると考えられる。

例えば、山田秘書官本人が「本来であれば審議会等をきちんと回した上で行うか、そうでなければ（放送）法改正となる話ではないのか」と発言しているが、各省中心の政策形成プロセスであれば、業界や関連族議員への根回し、学識者を中心とした研究会から、審議会を経た上で初めて解釈変更できるくらいの重い政策課題という形が思い浮かぶのだろう。また、「礒崎補佐官は官邸内で影響力はない（長谷川補佐官は影響力あるとの言）。総務省としてここまで丁寧にお付き合いする必要があるのか疑問（山田秘書官としては総務省から礒崎補佐官を止めて欲しかった?)。今回の話は変なヤクザに絡まれたって話ではないか」と発言してもいる。言葉遣いはさておくとして、官邸の誰が動いているのかによって、当該案件の性格がまったく変わることをよく示している。

官邸の威光を笠に着て強引に攻めてきた相手に怯んで仕事を進めたものの、相手に力量がなかった場合は、当事者の官僚が責任をとらされる。あるいは、強引に攻めてきた相手が急に素知らぬ顔をする時もよくある。実際、霞が関では「梯子を外す」という言葉は頻繁に聞かれるからだ。省内で役人同士で梯子外しをやっているうちは、ぼやき程度ですむが、官邸を巻き込んだ案件の場合、梯子を外されると国会で証人喚問されかねない。

冷静に考えてみよう。こういう情報がネットで広く流布された場合、誰が年収800万円で官僚という職業を選ぶだろうか? どろどろした世界が大好きか、どろどろした世界を泳いで権力者をめざすかでもない限り、年収が同じ民間企業に行くだろうし、たとえ不安定でも夢のある起業家を選ぶだろう。

良識のある政治家は、よくよく考えたほうがいい。

官の人材不足はデジタル人材に限らない

ここまで官邸主導の弊害をみてきた。スピード感は高まったものの、どこまで専門知識をぶつけ合いながら、精緻な政策を提示してきたかとなると相当の疑問が残る。しかも、政策の企画立案の当事者である官僚からすれば、官邸主導ほど仕事から主体性を奪っていくものはない。これが率直な感想だろうと思うが、果たして、国民からみればどうだろうか?

これまでセクショナリズムで動かなかった政策が動いた。いくら不完全であるとはいえ、動き出せば、何か打開策が出てくるかもしれない。まだまだ議論が足りない、不完全だと文句を言う前に、官僚は政策を動かそうと努力したのか?

官邸主導はネガティブな側面がある一方で、各省割拠システムはそれ以上に時代に合わないし、ふたたび官僚が主導権を握ったところで、今現在の日本が抱える複雑な経済社会問題を解決するための解はないのではないか。

正直、これもまた嘘偽りない国民の本音だと思う。

例えば、官邸主導で進めた「働き方改革」がそうだ。確かに強引な進め方だろうし、突発的な印象もぬぐえないが、厚労省を基盤にした旧来型の進め方で実現できただろうか?

「日本経済新聞」(2019年3月27日付)は、官邸主導の裏側にあるのは、この問題が長く放置されてきたということだと厳しく報じている。厚労省は審議会の場などで「労使が決める」との建前に閉じこもり、難題を店ざらしにしてきたのであり、切実さの薄い他人事感覚が事なかれの温床になっているとまで言い切っている。同様の事例は、やはり、官邸主導で進められた文科省の政策にも言える。文科省は教育のあるべき姿を描けなくなっていて、これまで中心となってきた文科省や中央教育審議会も官邸の号令を受け、論点整理や制度設計を担う役割分担が目立つという（「日本経済新聞」２０１８年9月22日付）。

さらに言えば、内閣官房や内閣府の膨脹についても、必ずしも官邸主導だけが理由ではなく、各省とも調整業務を引き受けたがらず、官邸に押しつける側面があるという政府関係者の証言もある（「日本経済新聞」２０１４年3月2日付）。

官邸主導の陰に隠れているが、実は、霞が関や官僚自身の能力が劣化しているのではないかという事案は他にもある。この章では最後に、官僚の能力自体が劣化している、もしくは、経済社会や時代に追いつけていないのではないかという事例を示すこととしたい。

まず、人手不足で十分な人材が揃っていないことだ。例えば、キャリア官僚を中途採用する動きはその最たるものだろう。経産省では新規事業創造推進室、自動車課といった「かつてなら外部の登用は考えられない部署」での公募採用が始まっている（「日本経済新聞」２０

19年12月30日付)。厚労省も同様に総合職で課長補佐級を5人程度募集しているが、この場合、過去に役所を辞めた人の出戻りを歓迎するという(「日経速報ニュースアーカイブ」2022年11月11日付、21日付)。人材不足を補うためもあって、民間企業からの出向者が増えていることも同様だ。

さらに深刻な問題もある。未知の政策領域が出現する中で、官僚が対応する能力をなくしているのではないかという確信に近い疑念だ。典型的にはデジタル人材だ。官僚の多くは法律職。法案を作れるかどうかが能力の柱でデジタルとは無縁。必然的に2021年のデジタル庁の発足に際しては、民間人材に依存することになった。

それがいかにひどい状態だったかは、政府がデジタル庁の職員に関してだけは柔軟な働き方を認めたことでわかる。テレワークならかわいいものだが、非常勤職員には兼業・副業を認めたこともあり、先行採用者には週2~3日勤務し、残りはベンチャー企業で働く人もいる(「朝日新聞」2021年6月17日付)。柔軟な働き方でいいじゃないかと思われるかもしれないが、官民をルーズに行き来することを認めることは機密の漏洩につながりかねず、相当深刻だ。さらに言えば、政府のシステムをどの企業が作るか、特に、国産か外資かを考えると、民間企業の人材に依存することがいかに危険かは想像がつく。国産クラウドか外資か、デジタル庁の体制がどうなっているのかについては、今後、中国だけでなく、米国との関係でも、経済安全保障の観点からデジタル庁やデジタル人材の在り方については一悶着どころか二悶着、三悶着あると予想される。

「政商」と化したコンサル、広告代理店

官僚が対応できない仕事がデジタル関連だけならまだ救いようがあるかもしれない。だが、対応できない社会問題が増えている、あるいは、組織的に対応する余力がないとなると、深刻度合いはさらに増す。

コロナ禍の予備費や基金の無駄遣いを検証している日本経済新聞社（２０２３）は、本来は国が手がける事業や業務を委託している不透明な流れを追う中で、コンサルと広告代理店大手13社への委託費が飛び抜けていて、２０２０年度は前年度比４・２倍の１２３４億円に上っていること、委託費総額に占める割合は21％になっており、独立行政法人など公的機関と肩を並べた水準となっていると指摘している。

なぜ、ここまで民間企業への業務委託が進んでいるのか？　筆者が厚労省に在職中も民間企業への委託はあったが、コンサルや広告代理店と打ち合わせをしたなどという記憶はほと

んどない。

最大の理由は人手不足だろう。上記の日経新聞社（２０２３）でも、最も依存度が高かったのは内閣官房であると指摘するとともに、国交省や農水省など地方出先機関に人員が手厚く配置されているところは依存度が低いという。ここに加えるとすると、行政改革の結果でかつてのように独立行政法人や特殊法人を手足のように使えなくなっていることも大きな影響を与えている。

ただ、人手不足だけなら、まだ救いようがあると思う。組織面で大きな課題を抱えているとすると事は泥沼の様相を帯びる。電通が主体的に設立した一般社団法人への依存度が際立って高い経産官僚を取材している高橋（２０２３）では、「電通は人や会社を差配する力がある『何でも屋』で、立案力も含めて社員の能力が高い。政策実行を官庁だけで考えるとなると、質、スピードが落ちてしまう……」という経産官僚の発言を引き出している。

「日本経済新聞」（２０２３年7月13日付）でもやはり、政府高官が「主要官庁が政策立案をコンサル企業に依存するようになってきた。かつては比較的単純な作業だったが今では重要政策も含まれる」と発言している。

これらの事例から推測すると、官僚の劣化は致命的な段階に至りつつあるように思える。

官邸主導の弊害を問う前に、官僚の能力が落ちていること、いや、もはや政策課題や現状に適応できていない現状を示唆しているからだ。生成ＡＩが導入されれば、法案策定作業など簡単にできるようになるだろう。今の段階でもＤＸを強力に推進するつもりがあれば簡単なことだ。そうなると職人技の立法能力など不要だろう。その一方でＤＸに対応できる官僚はごくわずか。

さらに言えば、霞が関が依存するコンサルには東大卒が続々と入っていく。その一方で、霞が関には空いた席をめざしてＭＡＲＣＨなどの私立大学が押し寄せてくる。学歴が逆転した時、霞が関を最高のエリートとみなす世論は雪崩を打って崩壊していくだろう。

そして、やがてＭＡＲＣＨ出身者も阿呆らしくて官僚などめざさなくなり、志願者がゼロになる時、霞が関の機能不全はピークに達するだろう。政治家は相変わらず誰かを怒鳴りつけて仕事を進めようとするだろうが、もはや怒鳴り散らす相手もいない。怒鳴られた若手官僚は阿呆らしくて、怒鳴られた翌日には霞が関を去ってしまうからだ。仕方なく、国会議員は自らパソコンを叩いて書類を作ろうとするだろう。一体、国会議員がどこまで事務仕事や調整仕事をスムースに進められるのか。是非、この目でみてみたいものだ。

第六章

若手や女性の前途を阻む、哀しき「拘牢省」

数字で読み解く長時間労働の実態と余波

前章では、官邸主導で政策の企画立案という知的な仕事を奪われ、下請けに甘んじる官僚の悲哀をみたが、この章で取り上げるのは、今も昔も変わらない霞が関の殺人的な長時間労働を中心とした職場環境の悪さだ。官僚の首を絞めるのは官僚自身でもある。そんな切り口も交えながら、中央官庁の現場を切り取ってみたい。

官僚のモチベーションの低下は官邸主導など政治と絡めて論じられることが多いが、それは局長クラス以上のごく一部の幹部官僚の話だ。課長（補佐）クラスまでの若手官僚にとっては、むしろ、職場環境の劣悪さの影響が大きい。

ここでは、まず長時間労働が若手官僚の離職、公務員試験受験者の減少などにつながっていることを指摘する。その上で、「厚生労働省改革若手チーム緊急提言」（令和元年）をさまざまな角度から読み解いていく。緊急提言は①生産性の徹底的な向上のための業務改善、②意欲と能力を最大限発揮できる人事制度、③「暑い、暗い、狭い、汚い」オフィス環境の改善を主な柱にしている。詳細は後にゆずるとして、この三点は筆者が勤務していた20年前とほとんど変わらない。すなわち、長時間労働の実態も、改善すべき点も旧態依然ということである。

なぜ、霞が関は変われないのか？　その実態に迫ってみたい。

霞が関の本省勤務者の深夜にまでわたる長時間労働については、自虐的に紹介する記事や、人事院などの公的機関による調査結果まで、数多く検証されている。また、近年は、官民問わず働き方改革が声高に叫ばれる中、長時間労働などの職場環境の悪さを年々、自虐的かつ自慢げに語る雰囲気は消え、「ブラック霞が関」（千正　2020）という言葉が世間に浸透している観さえある。

ワークライフバランスの重要性、過労死問題の捉え方が大きく転換したこともあるだろうが、実態がわかるにつれて常軌を逸していることが露呈した影響が最も大きい。例えば、2021年のコロナ禍では、内閣官房新型コロナウイルス感染症対策推進室（コロナ室）の職員の超過勤務時間の最長がひと月で約378時間に達することが大きな話題となった。かつても役所に365日寝泊まりしているという話はあちこちで聞かれたが、それはあくまで都市伝説。それに対して378時間は公表された数字だ。実際の残業はもっと多かった可能性さえある。

残業だけで月378時間にも達するのはどういう労働だろうか？　土日休まず7日間出勤

して1日15時間働いたとして105時間、残りの273時間を20日で割り戻すと1日約14時間。睡眠時間さえ取れていない状態を想像してしまう。長時間労働という言葉で割り切れるレベルではなくなっている。仮にこの職員の親がこの労働時間を知った時、「国を背負うエリートなのだから頑張れ」と子どもを励ますのだろうか……？

なぜ、ここまでの長時間労働が発生するのか？

最大の理由は、業務量に人員が追いついていないからだ。理不尽な国会対応なども大きな理由だが、規制緩和で小さな政府路線を走ってきたにもかかわらず、何かと言えば役所に頼ることから業務量が拡大し続ける一方で、総定員法で人員数に縛りがあるのだ。例えば、人事院が公表した「超過勤務の縮減に係る各府省アンケートの結果について」（2023年4月）によると、アンケート対象となった44府省等のうち、恒常的な人員不足が生じていた部署のある役所が42あり、そのうち30が定員が不足していたためと回答している（複数選択可）。

問題はブラック霞が関の余波だ。人事院は22年5月25日、総合職の退職状況を初めて公表した。採用後10年未満の若手が対象で、20年度の退職者数は109人となり、13年度の76人から43・4％の大幅増となっている。国家公務員I種試験が終了し、総合職の採用が本格化した13年度から17年度までは、10年未満での退職者が100人以下で推移していたが、18年度116人、19年度139人、20年度109人と3年連続で100人を超えた（図表6―1）。また、図表6―2をみればわかるように、5年未満の退職率は10％を超えている。

深刻さを示す指標は他にもある。公務員試験の受験者数だ。1996年～2020年度にかけて、22歳人口は40・1％減少しているのに対して、この間の旧Ⅰ種試験及び総合職試験の申込者数は、96年度の4万5254人から20年度の1万9926人と56・0％の減少となっている。また同期間の旧Ⅱ種試験及び一般職試験（大卒程度試験）の申込者数は、96年度の7万8320人から20年度の2万8521人と**63・6％**の減少となっている（「公務員白書」令和3年度）。

もちろん、長時間労働がすべての原因だと主張するつもりはない。むしろ、将来性がないところに長時間労働が覆い被さる影響のほうが大きいかもしれない[7]。

その一方で、ブラックという言葉に敏感な学生には大きな影響を与えており、志願者の減少につながっているのは疑いない。例えば、人事院が行った「本年度就職活動を終えた学生を対象とする意識調査」（調査期間は2021年9月～12月）によると、職業として国家公務員を選ばなかった理由として、「採用試験の勉強や準備が大変」を挙げる者が最多（76・0％）で、「業務内容をこなすことが大変そう」「出身大学が処遇に影響しそう」「業務内容に魅力

図表6−1　採用後10年未満の国家公務員、在職年数別の退職者数

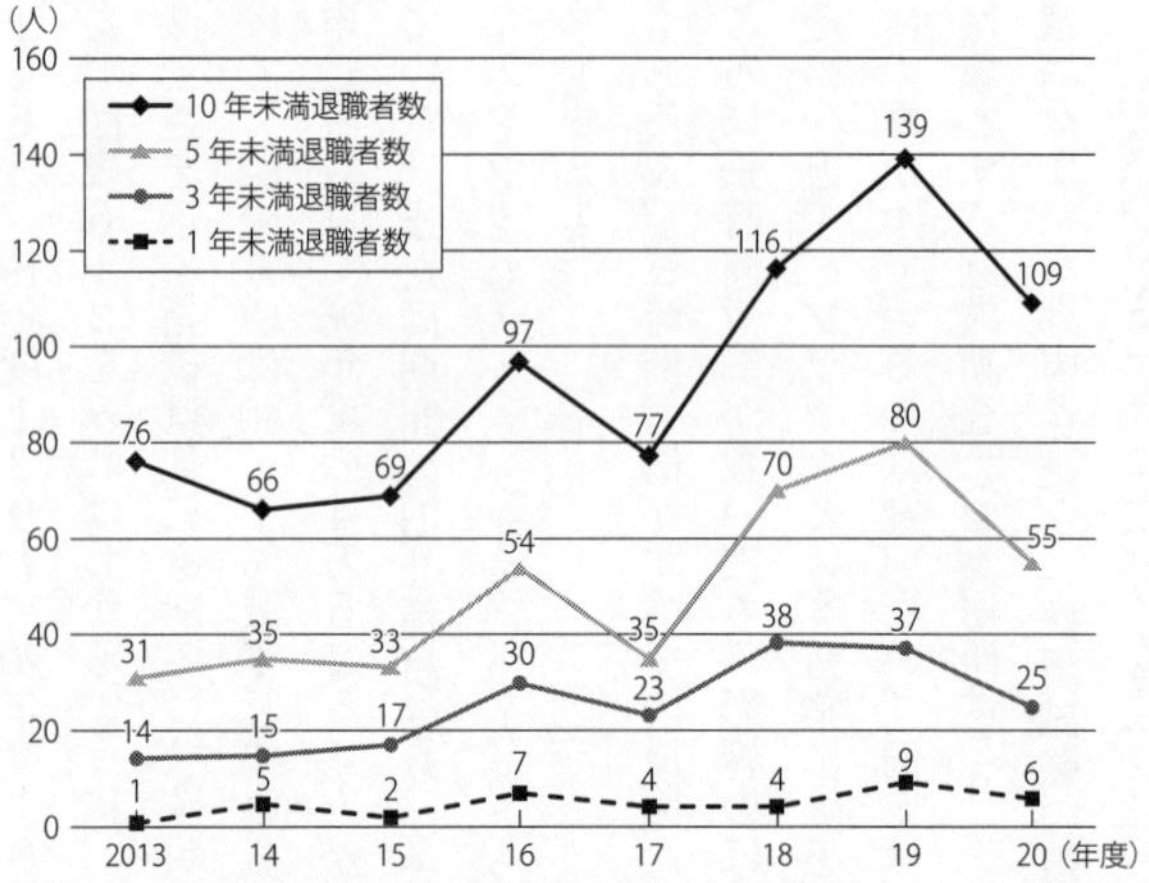

出所）人事院「総合職試験採用者の退職状況に関する調査の結果について」（2022年5月）

図表6−2　国家公務員総合職の退職率

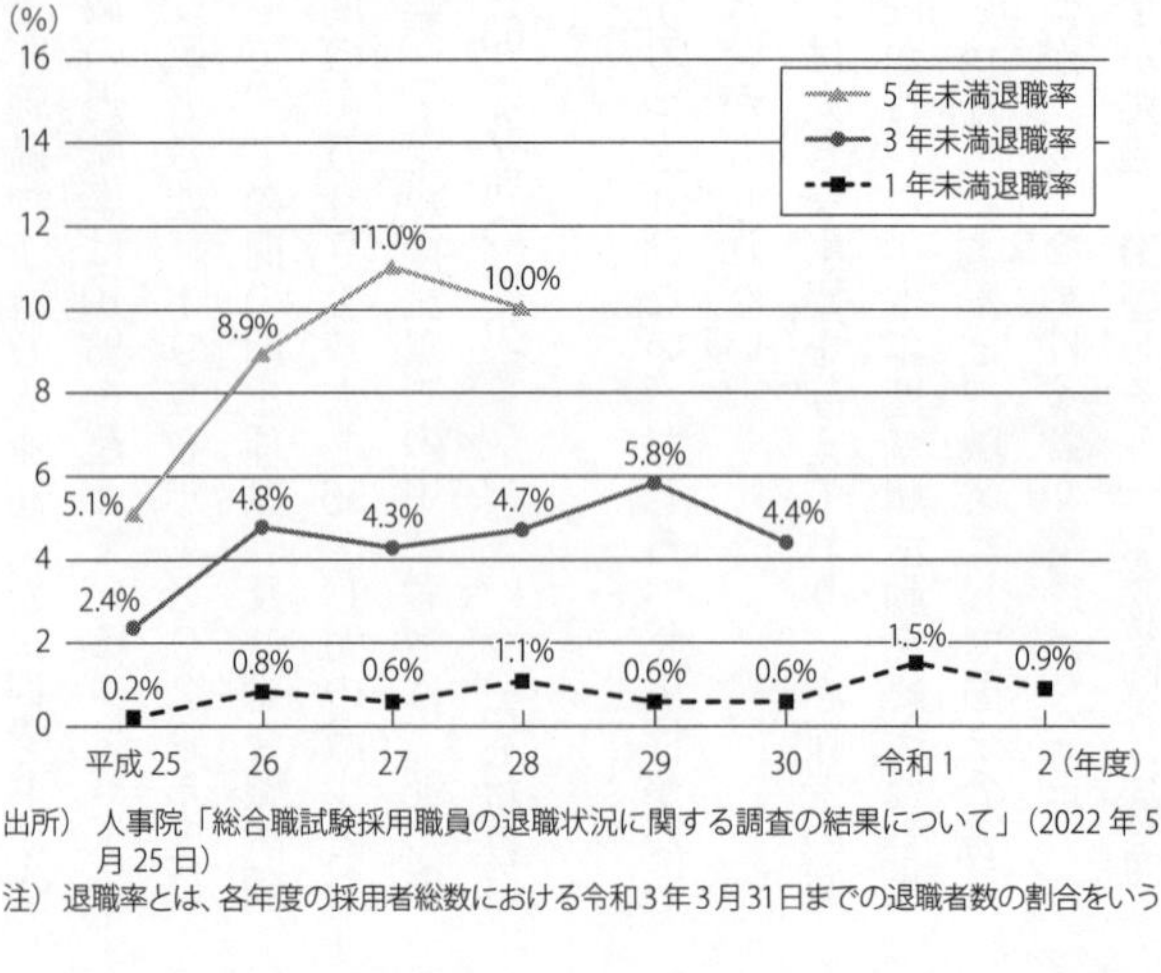

出所）人事院「総合職試験採用職員の退職状況に関する調査の結果について」（2022年5月25日）

注）退職率とは、各年度の採用者総数における令和3年3月31日までの退職者数の割合をいう

を感じなかった」と続くが、第5位は「国会に関係した業務が大変そう」、第6位は「超過勤務や深夜・早朝に及ぶ業務が多そう」となっている。学生にまでブラック霞が関の認識が浸透していることがよくわかる。

最近、志願者が激減している東大生の場合、身近で霞が関の事情を聞かされることもあってか、警戒感はさらに強いものがある。「朝日新聞」（2021年6月18日付）では、「東大新聞」で就活に関する記事を担当し、報道分野のベンチャー企業で働く東大修士課程の学生（休学中）の「激務なのに働き方改革が進まない。官僚になるには『戦地に向かう意気込み』が必要であるかのように見えている」という発言を紹介している。

厚労省の長時間労働問題について

そういう問題意識のもと、以下では、職場としての厚労省を取り上げることとしたい。厚労省の長時間労働を特に取り上げる理由は三つある。

一つ目は、厚労省は働き方改革など国民生活に深く関連する政策を扱うことから、そもそも、長時間労働を前提とした働き方をしていること自体、政策立案に負の影響を及ぼすのではないかということだ。

例えば、コロナ禍で厚労省は多忙をきわめたが、同省の2階大講堂に設けられた対策本部はその象徴だったように言われる。24時間態勢で仕事にあたっていて、食事をとる暇もないので講堂入口にはカップ麺や栄養ドリンクなどが山積みになっていたという。省内には体調を崩す職員も多く、妊娠中の職員が急遽、入院したケースもあったという（NHK取材班2021）。少ない職員で多大な業務を処理することを考えると、現場感覚では致し方ないという受け止めになるのだろうが、こんな状態で有効な子育て支援策が作れるのかという疑問が世間から出てくることは避けられない。

実際、類似のケースとして、岸田総理が2023年1月27日の参院代表質問の答弁で、「リスキリングへの支援を抜本的に強化していく中で、育児中など様々な状況にあっても、主体的に学び直しに取り組む方々をしっかりと後押ししてまいります」と発言したのに対し、野党などから「子育てと格闘している時にできるわけがない」「赤ちゃんを育てるのは、普通の仕事よりはるかに大変。子育てをしてこなかった政治家が言いそうなことですね」などと、育児の実態を理解していないと批判する声が上がった（「朝日新聞」2023年1月30日付）。政策立案者の背景が問われるケースは従来からあったが、多様性が高まり、ネットなどを通じてさまざまな声が拾われるようになって以来、この傾向はさらに強まっていると考えられる。

二つ目は、19年に公表された「厚生労働省改革若手チーム緊急提言」（以下、緊急提言）では、さまざまな角度から職場としての厚労省の問題が指摘されているが、それらが霞が関の長時間労働の構造を余すところなく示しているからだ。

三つ目は、緊急提言ではさまざまな具体的な改善策が示されているにもかかわらず、厚労省に限らず、本省勤務者の労働条件の改善に資する抜本的な対策が実行に移される気配がないからだ。民間企業の場合、人的資源の摩耗は、売上の低下、他企業との競争での敗北などさまざまな機会を通じて知ることができるため、労働者福祉という観点だけでなく、生産性の向上や人的資源の確保といった観点からも、労働条件が改善される。だが、公務員の場合にはそういうことがない。人手不足がはっきりする中、人的資本や生産性の向上がすでに大きな課題となりつつあるにもかかわらず、なぜ、官僚に限っては放置されたままなのか。理由の一つははっきりしている。公務員の使用者という意識を、政治家や国民が持っていないからだ。

ところで、どこの役所が最も忙しくてブラックと言えるか、皆さんはおわかりだろうか？もちろん単純に比較はできない。部署によるからだ。忙しい役所でも暇な部署に行けば午後

７時に帰ることもできる。その意味で、役所全体で均した比較という前提になるが、さまざまな指標から考えて厚労省は霞が関のブラック筆頭と位置づけても間違いはないだろう。自民党行政改革推進本部によると、中央官庁の中でも厚労省が1位として取り上げられている（業務量が際立って多いということ）のが、国会答弁回数２２１２回（2位は文科省）、所管委員会出席時間数４１９時間（2位は財務省）、質問主意書答弁回数38回（2位は文科省）、審議会等開催回数４１７回（2位は総務省）、訴訟件数１１７９件（2位は財務省）である。

社会保障から雇用にいたる守備範囲の広さに加えて、国民生活に直結するだけにマスコミや世論の目線も厳しく、何かトラブルがあれば厚労省は不夜城と化すからだ。もはや慢性的に人手不足状態が続いていて、ゴマすり大好きの官僚が大臣にさえ気遣う余裕をなくしている始末だ。「日本経済新聞」（２０１９年3月29日付）によると、根本匠厚労大臣（当時）は幹部職員用の国会答弁原稿を読み込み、自ら書き直すこともあるという話や、厚労相経験者の話として「官僚が従来の説明と矛盾する原稿を作ってくることもある。幹部職員のチェックも不十分で、官僚答弁まで政治家が目を通さなければ危険」という談話を紹介している。

このような状況下で公表されたのが緊急提言である。このチームは、20代・30代を中心とした若手38名、18の全人事グループから構成されているが、その目的は「業務・組織の在り方」などを自主的・主体的に自由な発想で議論し、厚労省の改革につなげていくことである。

改革の原点としてあげられているのは、「入省して、生きながら人生の墓場に入ったとずっと思っている」「仕事自体は興味深いものが多いと思いますが、このような時間外・深夜労働が当たり前の職場環境では、なかなか、一生この仕事で頑張ろうと思うことはできないと思います」という、職場環境に対する強い不満である。

チームが緊急提言を出すにあたっては、本省勤務者約3800名を対象とした大規模アンケートを2回実施している。また、事務次官などの幹部だけでなく、すべての人事グループの幹部・若手に対してヒアリングを行うとともに、外部の視点を取り入れるため他省庁や企業等の関係者にもヒアリングを行っている。これらからもわかるように、緊急提言は国家公務員総合職試験を経て入省した者だけでなく、さまざまな試験を経た本省勤務者を対象にしたものである。

緊急提言の中身は四つの分野から構成されている。職員の増員、生産性の徹底的な向上のための業務改善、意欲と能力を最大限発揮できる人事制度、「暑い、暗い、狭い、汚い」オフィス環境の改善である。なお、職員の増員については、内閣人事局に対して要請するとだけしているので詳細な説明は割愛し、三つに絞って以下で説明していくこととする。

図表6－3　厚生労働省改革若手チーム緊急提言で示された「生産性の徹底的な向上のための業務改善」の項目

①審議会等の会場設定などの準備業務の分業・集約化
②給与支給事務の集約・効率化
③「ナッジ」を活用した広報等の推進
④コールセンター改革
⑤自動文字起こしシステムの導入
⑥問表作成の効率化
⑦答弁資料審査の効率化
⑧オンライン議員レクの実証実験の実施
⑨（国会業務効率化について）国会に対する申入れ
⑩（国会質問に関連して）議員別の質問通告時間・空振り答弁数の分析・公表
⑪デジタライゼーションの推進（ペーパレス化、テレワーク環境の整備など）
⑫スケジューラーの活用の徹底
⑬省内チャットシステムの積極的活用
⑭テンプレートの共有

旧態依然として変わらない職場環境

まず、一つ目の「生産性の徹底的な向上のための業務改善」では、①審議会等の会場設定などの準備業務の分業・集約化、②給与支給事務の集約・効率化、等の14項目が並ぶ（図表6－3）。これらをみて何を思われるだろうか？　すべての人事グループからヒアリングを行った上での緊急提言であるため、官僚が担う政策の企画立案だけでなく、省内にあるさまざまな仕事が取り上げられている。長時間労働の要因となる業務は多岐にわたっていて、複雑で構造的な問題であることがわかる。

次に、眉をしかめたくなるほど、デジタル化が進んでいない。ペーパレス化や省内チャットシステムなどの活用などに遅れがみられるのは言うまでもない。

例えば、スケジューラーの活用の徹底については、幹部などの予定表を手書きで作成したりするために手間暇がかかるだけでなく、会議室についても電話・メールで空き時間を確認する必要があるという。何事も上司の許可を得て仕事を進める傾向が強い役所の場合、幹部の了解を得ること自体に多大な労力を費やしがちであることから、幹部日程が日々手書きで更新されていくのは時間のロスが大きいということである。

局長が部屋にいるかどうかを確認するだけのために、何度も局長室と自席を行き来するという経験をした官僚は多いだろう。しかも、忙しい局長のわずかな隙間時間をぬって、仕事を進めるための了解を得たりしなければいけない。そういう何も生み出さない神経だけをすり減らす仕事のために、貴重な時間が潰されているのだ。

三つ目に、少なくとも数十年間にわたって職員の手を煩わせ、業務改善を妨げてきた雑事が依然として、生産性向上の大きな妨げになっている。

例えば、審議会等の会場設営の場合、会議室の机を配置したり、資料を並べる業務だけで多大な時間をとられることは今も昔も変わらない。資料の並べ方などに口うるさい上司がいる場合、こういう雑務の負担はさらに重くなる。資料は右上ホチキス止め、パワポ資料の細かな間違いで青筋を立てるなど、過剰品質を求める上司に当たると、会議が開催されるといううだけで役所に寝泊まりするケースさえある。驚くべきは、筆者が入省した1990年と状況がまったく変わっていないということだ。当時も、偉い先生が並ぶ審議会を開催する場合、席順からお茶出し、資料配付まで、雑務に神経をすり減らしたものだが、これだけブラックぶりが批判される昨今でも、仕事のやり方が変わっていないのだ。

また、コールセンター改革では、厚労省への外部電話は1ヶ月当たり10万件を超え、苦情電話を含む電話に1日平均30分以上応答している若手職員は47％という事実が取り上げられている。このように電話対応が長時間労働の原因の一つになっていると指摘した上で、コールセンターの大幅増員などで対応することを提言している。これも相当昔からの課題である。

不可思議なことだが、霞が関は物静かで沈思黙考している職場だという印象があるが、本省には一般国民からの質問・苦情電話が無制限にかかってくる。国民の声に応えるのが義務だろう、そんな綺麗事の正論はここでは不要だ。国民生活を左右するかもしれない考え事に没頭すべき労働をしている人間に苦情電話や素朴な質問電話が無制限にかかってくるって……合理的に考えて、常軌を逸している。どんな人間でも思考が寸断されてしまうからだ。

それだけではない。アナログが猛威をふるう霞が関・永田町の世界では、影響力のある政治家などが突然電話をかけてくる。しかも、自分のことは当然知っているだろうと言わんばかりの傲慢な態度か、秘書が電話口に出たあと恭しく政治家本人に代わるといった仰々しいものがきわめて多い。このような電話での応答に相当のエネルギーをとられるため、費やした時間以上に、その後の仕事の生産性に大きな影響を与えていると考えられる。

四つ目は従来から問題となってきた国会対応に関わるものである。ここでは、答弁資料審査の効率化、オンライン議員レクの実証実験の実施、国会業務効率化について国会に対する申入れ、（国会質問に関連して）議員別の質問通告時間・空振り答弁数の分析・公表について言及されているが、一向に進む気配はない。

新型コロナウイルスの感染拡大に対応するため、2021年与野党合意で「対面での質問取り自粛」のおふれが出たのを契機として、オンライン会議が一時増えはしたものの長続きせず、結局元に戻ったと言われる（「日本経済新聞」2022年8月19日付）。

対面がなくならない理由はさまざまだが、国会議員が面子にこだわるというのは大きい。日本のような暴力が否定された民主主義社会においては、権力の象徴はどれだけ人が集まるかだ。議員会館の事務所前に数多くの役人を立たせて、自分の権力を示したがる議員は今も昔も健在だろう。オンラインは基本的に民主主義下の権力と相性が悪い。

役人側にしても事情は大して変わらない。国会議員と直接話したほうが濃い情報が取れるし、質問取りにしても微妙なニュアンスがくみ取れる。上司に報告する時に高く評価されるだろう。仲良くなれば、何かと自分にプラスになるかもしれないというスケベ心もあるだろう。

結局、お金がリアルに絡む商談はオンラインではできない。それと同じ理屈だ。民主主義社会では国会議員は権力の象徴であり、彼らの合意がないと、どんな些細な仕事も進まない。

提言では「厚生労働省における「国会業務」効率化努力は最大限行った上で、国会議員の先生方のご協力もいただけるよう、政治レベルでの申入れを行っていただきたい」としており、丁寧な言葉遣いながら、踏み込んだものとなっている。だが、果たしてどこまで実現できるものだろうか……。

官僚の敵は官僚？

提言の二つ目は「意欲と能力を最大限発揮できる人事制度」と題して、①人事課の大幅な体制強化、②採用業務への十分なリソース配分と効果的な採用活動の実施、など19に及ぶ項目をあげている（図表6－4）。

真っ先に気付くことは、改善項目数の多さだ。国会対応などの生産性向上以上に、人事制度のほうが改善項目数が多い。それだけ職員の不満が強く、相当の課題を抱えているということである。労働条件の悪さということで言えば、国会対応などばかりが思い浮かぶが、自分の仕事が評価されない不満も根強いということだ。

マスコミは内閣人事局や官邸主導の弊害ばかりを叫ぶが、現場の官僚の多くは身近な上司や官房人事課の人事評価に不満を抱いているのだ。もしかしたら、政治家のコバンザメのような上司のほうが部下に優しい可能性だってある。もちろん、政治家の命令をすべて引き受けて、役所にどっさりと宿題を持ち帰ってきては部下に押しつける、とんでもない上司もいるが……。

また、90年代半ば以降に行われた公務員制度改革で人事評価が導入されるなど、さまざまな改革が行われたにもかかわらず、職員の不満が解消されていないということでもある。みんなが納得する人事制度や評価は難しいのは承知だが、それにしても進んでいないということだろう。

ここでいくつかピックアップしてみよう。まず、ハラスメントだ。霞が関は特にパワハラ

図表6−4　厚生労働省改革若手チーム緊急提言で示された「意欲と能力を最大限発揮できる人事制度」の項目

①人事課の大幅な体制強化
②採用業務への十分なリソース配分と効果的な採用活動の実施
③人事配置・ポスト調整について、職員の反応
④客観指標に基づく人員・定員・ポストの管理
⑤労働時間管理の効率化
⑥人事評価制度について、職員の反応
⑦組織として「当たり前」の人事評価・人事面談の実施（直属の上司との面談に基づく目標設定と評価）
⑧人事評価だけじゃない、これからのキャリア支援
⑨C評価以下の基準の明確化・厳格化（C評価以下の基準をより明確化し、ハラスメントを行う者、仕事をしない者等に対しては厳正に評価する）
⑩職場満足度調査の定期実施・公表
⑪「人と組織」のポテンシャル最大化への組織的な課題（人事交流先を増やすなどの柔軟化、抜擢人事制度の導入、復職制度の導入などを進めること）
⑫「年功」ではなく「意欲」と「能力」を重視した人事施策への転換
⑬「人と組織」のポテンシャル最大化のための人事交流・転籍の推進
⑭キャリアパスについて、若手の意識（例えば、地方出向しなくても昇進できるキャリアパスを設けるなど柔軟化する）
⑮内示時期の前倒し（人事異動の柔軟化、２年異動が基本から３年異動へ）
⑯人事配慮が可能なポストを各局で形成・維持
⑰ハラスメント対策
⑱研修の改善（初任者研修を含めて、行政官が共通して理解すべき内容を研修内容に組み込む）
⑲残業代支払い実務の省内統一（約４分の３の職員が各部局の支払いルール等を含めて実態を徹底的に調査し、不公平な運用があれば早急に改善すべきとしている）

の巣窟だ。何がパワハラかは時代によって異なるんだろうが、旧態依然としているのが霞が関だ。しかも、部下を潰すパワハラ上司が不思議なことに出世していく。それだけではない。霞が関のパワハラと永田町は連動して考えるべきだ。役人に対する国会議員のパワハラについても是非法制化すべきだろう。元人事院人材局審議官の嶋田（２０２２）によると、２０２０年から民間企業と同様のパワハラ禁止規定が人事院規則に設けられたが、大臣や国会議員などの政治家には適用されないという。首を捻っている官僚は多いはずだ。

あくまで個人的な感想だが、官僚より政治家のほうが人間的にはまともだと思うことが多い。筆者が特殊で波長が合うからかもしれないが、選挙で苦労して修羅場をくぐっているためか、人間の心理をよくわかっているし、少々のことでは心を乱したりはしない。

ただ、とんでもない政治家がいることも事実だ。平然と怒鳴りつける人間もいる。怒鳴ることで自分の存在を際立たせ、役所が一目置かざるを得ないようにするという戦略家もいれば、役人を人間と思っていない政治家もいる。ひどい例になると、多くの人間がいる場所で平然と怒鳴りつける政治家もいる。若くて初々しい政治家も、役人を怒鳴りつける先輩議員をみているうちに麻痺するのか、学習するのか、当選回数を重ねると官僚を下僕のように扱い出す。

政治家と官僚の関係が特殊なことも大きな理由だと思う。民間企業の社長と部下の場合だと、両者ともに同じサラリーマン同士で対等な立場の上に、共有する文化も同じだが、政治家と官僚は違う。政治家は選挙で選ばれる民主主義の王様。その一方で、官僚は国民に選ばれたわけではない。それどころか国民の目を盗んで何か悪事を働く可能性があると疑われている存在。その意味では、国民から選ばれた政治家は官僚を監視する役割を負っている。勢い、こいつらは悪事を働く可能性があるから、どんな暴言を吐いても大丈夫だと思い込んでいる。

最悪なのは、世論やマスコミだ。官尊民卑とかお上意識が強いとは言うが、役人や公務員はいくら叩いてもいいと思っている。そんな世間の後押しもあって、政治家は図に乗って公務員に暴言を吐く。ここ最近みられる、首長による地方公務員への度を超した暴言などのパワハラは、どう考えても日本社会や世論が生み出したものだ。いい加減に、公務員や役所は世間の敵だといった見方を正さないと、誰も公務員にならなくなるだろう。

ややマニアックなところを取り上げると、超過勤務手当を公平にしてほしいというのは、霞が関に特有かもしれない。国家公務員は労働基準法が適用されないからだ。勤務時間法という法律はあるものの、何かと仕事優先の決まりが多く、ブラックと称される長時間労働の一因になっていることは間違いない。超過勤務の縛りが何かと緩いことを反映していて、超過勤務手当の支払いも予算の範囲内だ。上限があるのだ。この部分はブラックボックスになっていて、予算がどういう決まりで配分されているのか定かではないが、少なくとも旧労働省の場合だと、特別会計を所管している労働基準局労災管理課と、職業安定局雇用保険課に配属されると、超過勤務手当がふんだんにもらえると評判だった。その一方で、予算の少ない大臣官房などに配属されると、どれだけ残業しても手当は一定額。こんなふざけた話があっていいのか……いや、もっと正確に文句を言えば、なんでこんな理不尽なことが今なお続いているのか。政治家を批判する前に、自分たちの襟も正せよと言いたくなってくる。

最後に、やや逆説的ではあるが、人事制度への不満がこれだけ多いことを考えると、厚労省の仕事自体に対する嫌悪感やモチベーションの低下はそれほど強くないのではないかと、想像されることである。仕事自体に嫌気が強い、あるいは組織自体に対する嫌悪感が強いのであれば、人事に対する要望がここまで噴出することはないと考えられるからである。

ここは明るい材料だ。仕事自体の魅力は高いと想像されるからだ。国会議員やマスコミ対応で嫌気がさしたとしても、仕事自体は面白いし、国民生活に大きな影響を与えるというやりがいがある。多くの官僚はそう思っているからだ。

「暑い、暗い、狭い、汚い」オフィス環境

最後の訴えは意外なものだ。「暑い、暗い、狭い、汚い」オフィス環境の改善だ。これについては具体的な事実を列挙した上で、職場環境の改善を訴えている。それによると、まず職場の温度管理が常軌を逸しており、夏季などは熱中症の恐れがあるという。例えば、ある職員のデスクは気温32・8度になっている（2019年8月5日に計測）など、「自衛の範囲を超えている」「熱中症になりかねない」などである。

次に、職場が暗いことで、提言では廊下の明るさの各省比較が行われている。厚労省が6ルクスなのに対して、国交省が26ルクス→財務省125ルクス→農水省133ルクス→経産省274ルクスとなっており、厚労省の廊下が圧倒的に暗いことが指摘されている。

さらに、「課室が狭く、開放感が全くない、息苦しささえ感じる」という職員の声を紹介しながら、オフィスが狭いことを指摘している。

これら三つの事実を並べた上で、提言は徹底的な書類の整理・PDF化、書棚を削減しスペース創出、執務室のフリーアドレス等の導入について柔軟に実施（環境省は2019年度から導入）、地下1階大食堂・26階食堂を営業時間外に開放することなどを提言している。

これらの改善事項も筆者が旧労働省に入った1990年から変わっていない。もちろん、改善された点もある。かつてに比べると地下1階には食堂以外にもサンドイッチ店などが入るようになったし、福利厚生は多様化するようにはなった。だが、オフィス環境の悪さはまったく同じだ。

読者諸氏は、この提言をどう思われるだろうか？　中小零細企業はもっと厳しい環境で仕事をしていることを踏まえると、どう考えても贅沢だという意見はあるだろう。確かに暑くて狭くて暗いとしても、厚労省と環境省が入る合同庁舎は立派なビルだ。時折、地震でビルが揺れた時も、上司が「このビルには国土庁が入っているから大丈夫だ」と変な自信を持っていたのをよく覚えている。

ただ、午前9時から深夜零時までビルから一歩も出られない日々が最低でも5日間続く立場になると、どう思われるだろうか。夏は熱中症になるくらいに暑くて、夜は幽霊屋敷のようにぼやっとした灯りが廊下で点滅している。

筆者の経験で言えば、深夜、国会答弁の決裁をとるために、暗い廊下を行き来する毎に、一体、自分は何をやっているんだろうかと、不安とも不満ともつかない茫漠とした思いがこみ上げてきたのをよく覚えている。ふと窓の向こうをみると銀座の明かりが揺れていたが、繁華街の明かりでさえ救いの象徴にみえたくらいだった。

そういう生活をずっと続けていると、時間や昼夜の感覚が恐ろしいくらいに溶けてなくなり、やがて、地下鉄の重い橙色の構内と役所の廊下の区別がつかなくなった。派手に言うと、時空間軸が歪んでいく気がするのだ。

たかが灯りではない、と言いたい。厚労省の官僚がわざわざ提言の中に盛り込んでいることの重要性を認識してほしい。電力消費や環境への配慮というのであれば、そもそも深夜残業しない体制を作ればいいのだ。深夜残業を強いる以上、せめて、夜間の灯りくらいは華々しいものにしてほしい。

しかも、官僚が課されているのは政策の企画立案だ。気持ちよい環境で働かないとアイデアも出てこない。暑くて暗い上に、狭いオフィスほど労働を妨げるものはない。繰り返しになるが、霞が関や永田町はデジタル化が遅れている。あちらこちらにペーパーが散乱しているし、紙の書類をまとめたA４のチューブファイルが所狭しと並べられている。机の上にパソコンを置くと、ほとんどスペースがないくらいの状態になる。もちろん、机の四方を紙爆弾とチューブファイルで囲み、上司と目を合わせたくないという人も多い。その気持ちは筆者もわかるが、それにしても机上のスペースが狭すぎる。

こんな状態で、どうやって優れた政策を考え出せと言うのだろうか？　大学教員に転じた筆者は、個室勤務になったがゆえに、役所ほど何かを考えるという仕事に向いていない場所はないと断言できる。静かな環境で一人沈思黙考する時間、資料や統計とにらめっこする時間、はたまた打って変わってさまざまな人と議論する時間という三つが絶妙に混じり合ってこそ、画期的なアイデアが芽生えたりもする。

霞が関の官僚には、何よりも政策の企画立案が求められている。そういう意識や覚悟がはっきりしているのであれば、オフィス環境はもっと改善されるべきだろう。

スーパーウルトラ体育会系文化

これまでのことからも霞が関が変われないのは霞が関自身にも要因があることがわかる。内閣人事局や態度のでかい政治家に焦点が当たるが、末端のほとんどの官僚は職場環境に不満を持っているということだ。自身の経験に照らしてもそうだが、政治家との接触など課長補佐になるまではほとんどないし、ポジションが低いうちは政治家との接触は仕事に大きな影響を与えない。

それよりも身近な上司のほうがはるかに影響が大きい。理不尽な残業や納得のいかない人事評価を作り出す大本は身近な上司であることはどこの職場も変わらない。もちろん、その上司だって、自分の上司に命令されて、やむにやまれずやっているのだろう。そうやって霞が関は今日も不夜城でフル回転している。

それでは、どうすれば緊急提言を受け入れ、みんなが気持ち良く働ける職場を作れるのだろうか？　緊急提言の中には、役所のトップの意思一つでできるものもあるし、与野党を問わず、国会議員がすべて同意してくれれば明日からでも実現できることは沢山あるだろう。

ただ、懸念すべきは国会議員とのオンライン会議がすぐに元の対面に戻ったように、付け焼き刃の対応では効果がないということだ。残業規制にしても「ノー残業デー」を設定したくらいでは何の効果も発揮しない。

霞が関を抜本的に変えるためには、職場に深く浸透する文化を変えるしかない。人事院の女性職員管理職養成研修の第一期生有志（「霞が関で働く女性有志」）は2014年6月に「持続可能な霞が関に向けて」という題名の提言を発し、霞が関的働き方の根っこにある価値観の変革を掲げている。

そこで提示されたのは、「役人たるもの、すべての時間を仕事に捧げる覚悟でなければいけない」「完成度を高めるｏｒリスクをゼロに近付けるためには、どこまでも努力しなければばならない」「完成度の高い状態にしてから案件をあげてくるべきだ」「仕事は優秀な人間・いつでも即応してくれる人間に頼むのが一番だ」の四つだ。霞が関を働きやすい職場にするためには、この四つの価値観からの脱却こそが求められるというのだ。

霞が関で働いた経験のある人なら、思わず、納得してしまうのではないだろうか。細かなところで言えば、ホチキスはとにかく右上一点止めでないとやり直しと叫ぶ課長補佐、省内用の会議で使うだけなのにパワポの矢印の太さにこだわる課長などなど、霞が関には歪みに歪んだ完璧主義が蔓延している。筆者自身の経験で言えば、体育会系とはほど遠い印象のある東大生や霞が関が体育会系以上に規律正しく、自己犠牲の求められる職場だったことに驚いた。いや、体育会系という言葉では甘いかもしれない。上司から命令されれば、徹夜でも何でもして仕事を完成させようとする姿勢に恐ろしささえ感じた。理性や合理性の塊だと思っていたエリート官僚が、とにかくグラウンドを走れ、死ぬまで走れと命令されると、本当に死ぬまで走るんじゃないか。そんな懸念さえ芽生えるくらいだった。

無定限無定量に働く。霞が関の価値観はそれくらいに強いが……その文化を変えないとどうしようもないが、間もなく、文化は変わっていくだろう。ブラック労働を忌避する若者は霞が関に入ってこないし、入ってきたとしても阿呆らしくて辞めていくからだ。こうなるとブラック上司も何か対策を考えざるを得ない。

それに加えて女性官僚の動きが霞が関を混乱させる。かつて局長や事務次官に上り詰める女性官僚と言えば、男性官僚と同じように長時間労働を耐え抜き、政治家との飲み会も笑顔でこなす。それが普通だったが、もはや、そんなことまでやって偉くなりたくないという女性官僚のほうが圧倒的多数派だ。家族構成も大きく変化する中で、徹夜仕事が続くとなると、仕事と家庭の両立はほぼ不可能だからだ。

これだけ人的資本の重要性が叫ばれ、女性管理職の比率を情報公開する大手企業が多い中、霞が関からは続々と若者と女性が去っていく。人手不足はより深刻になって、やがて無定限無定量の文化も死に絶えるのは必然というわけだ。

最後に、霞が関のスーパーウルトラ体育会系文化を根絶するためにも、マスコミ関係者に一言言っておきたい。取材を通じて人手不足なことを十分すぎるくらいにわかっているのであれば、法案の誤字脱字など些細なミスで役所や官僚を責め立てるのはやめたほうがいい。霞が関を取材していれば、法案がいかにアナログの人海戦術で作られるかをわかっているはずだ。そうであれば、人手不足になると必然的にミスが増えるのは自明のことだ。それを鬼の首を取ったように責め立てれば責め立てるほど、残存する完璧主義者たちが息を吹き返していくからだ。報道するのであれば、なぜ、かつてに比べて法案にミスが発生しているのかを詳細に報じてほしいものだ。

終　章　問われない、政治家の能力

政治家の力の源泉は民意

バブル経済が弾け、不穏な空気が漂い始めた90年代半ばから本格化した行政改革や政治改革の流れを踏まえ、あれから30年近く経過した今現在の行政や官僚の姿を振り返ってきた。

当時は改革なんて骨抜きだとか、改革しても何も変わらないという言葉が飛び交っていたが、官僚は見事なくらい没落した。労働条件の悪さに加えて、親の七光りで昇り詰めた世襲議員の下請けでこき使われる馬鹿らしさにようやく気付いたのか、国家公務員総合職試験を受験する東大生は減少の一途を辿っている。

今後どうなるのか？　限りなく東大生はゼロに近づいていくだろう。彼らの多くは外資系コンサルティングなどに流れる。その一方で、早慶上智、ＭＡＲＣＨや関関同立といった私立が大躍進する。霞が関＝最高学歴という図式は完全に消えることになる。国家公務員総合職試験が難関であるとしても、この国では大学受験時の偏差値が優秀さを計る絶対的な基準になっている。キャリア官僚はエリートではない。そういう考えがあと10年もすれば確実に浸透していく。

それでは翻って、政治家はどうだろうか？　政治家と官僚は合わせ鏡である。官僚が没落した分だけ権力を手中にしたのは政治家である。かつての官僚と同じように政治家は自らの役割をきちんと果たしているかどうかを問われなくてもいいのだろうか。しかも、90年代半ばの改革からすでに30年近くが経過している。

問われるべきは政治家の能力であり、彼らにこれまで同様に権力を預けていいのかどうかということだ。改めて確認するが、この30年、日本は政治主導システムの構築をめざして、さまざまな改革を行ったが、果たしてそれは成功したのか？

改革が始まって30年近く経過するが、むしろ日本の国力は、世界経済に占める比重を含めて、著しく低下していると言っても過言ではない。

なぜ、ここまで政治主導が正当化されるのか？　官僚はどれだけ優秀でも試験で選ばれただけの存在であるのに対して、政治家は選挙を経て選ばれる。民意を反映した存在だ。民主主義社会では最も重い存在であるがゆえに、政治家が政策の方向性を決定すべきだ。これがこの30年間日本を支配したロジックだった。

どんな政治家でも選挙で勝てば絶対者。「俺は選挙で選ばれたんだ！」と胸を張る政治家が多かった。どうしてこんな人が選ばれるんだ……もっと言えば、なぜ人気があるんだ？との疑問が怒りへと変転を遂げていく学者やジャーナリストも多かったと思う。そんな彼らの一部は勢い余って「ああいう人間を選ぶ国民が悪い、世論がおかしい」と踏みこんで、世間から叩かれたり、「左派の人権重視は建前で、実際には大衆を軽蔑しているインテリだ」と悪口を言われることもあった。

政治家の背後には民意や世論がある。これも紛れもない事実であり、この30年、目立ったのは国会議員の偉さというより、民意や世論の絶対化だった。庶民が一番正しい。それを体現する政治がポピュリズムであり、世論を煽り、世論に迎合するポピュリストが、政治の前面に出るようにもなった。

民意は何よりも尊く、それゆえに尊重しなければならないが、ただ民意は間違うこともある。大衆も間違うことがある。当たり前のことだ。そういう事例は嫌と言うほど歴史に刻みつけられている。あのヒトラーにしても武力ではなく、民意で権力に近づいていったのだ。そんな当たり前のことさえ口にしにくくなった。インターネットが力を持ち出してからはなおさらだ。その勢いもあって、4年に1回の選挙で選ばれる政治家が我が物顔に振る舞うというのが日本の現状だ。彼らに権力を集中させた結果、今や、政治家を抑えることのできる対抗勢力はいない。

「くじ引き民主主義」論まで飛び出した背景

その一方で、奇妙で滑稽な現象が世界的に進んでいる。世論や国民は政治家を最も信用できない人間だと思い、彼らが民意を体現した存在だとはこれっぽっちも思っていない。それを端的に現すのが「くじ引き民主主義」論だ。

くじ引き民主主義とは、住民や国民から無作為抽出で代議員や委員を選び、特定の課題や目的を達成するにはどうすればいいかを話し合い、決定してもらう仕組みのことをいう。自分たちで選んだ政治家は信用できない。その一方で、直接民主主義は実現できそうもない。そうであれば、くじ引きで選んでしまえという、ぶっ飛んだ考え方だ。

それにしても、なぜ、こんなエッジが効きまくった考え方が出てきたのか？

吉田（２０２１）がその理由として挙げるのは、高等教育を受けた市民の批判意識の高まり、経済成長を実現できないなどパフォーマンスの悪さ、さまざまな中間組織が崩壊する一方で個人意識が高まった結果、自分の意見が政治に反映されているのかわからなくなることなどだ。

政治家は信用できない、代議制民主主義では民意が正確に反映されないというのが、くじ引き民主主義の背景にある大きな要因だが、それは世界的な投票率の低さにも表れている。

投票率の低下は日本に限らないのだ。その一方で、世界各国では選挙によらない政治活動（例えば、抗議デモや不買運動、フラッシュモブなど）が活発化しているという。例えば、デモに参加したことがある人は１９７０年代半ばと２０００年代後半とを比べて、アメリカでは11％から17％、イギリスでは６％から17％、（西）ドイツでは９％から26％へと増えているのだ。その一方で、日本では80年代初頭と２０１０年を比較して、ボイコットに参加経験のある人は２％から１％へ、デモ参加は７％から３・５％へとむしろ低下しているという。

日本人や世論の今を余すところなく表しているような数字に思える。政治家は信用できないとぼやくくせに、自ら動こうとはしない。その結果、４年に１回の選挙で選ばれた政治家が全権を託されて威張り散らしている。

政治家の存在意義は問われるべきだが、そのためには国民や民意の在り方も問われなければならない。

例えば、マスコミに煽られでもしない限り、永久運動のように自民党に投票し続けるという日本人の投票行動をどう評価すべきだろうか？　しかも、低投票率。特定の人間に支持された政治家と政党が日本の行く末を決めている。権力に逆らえば殺害されるか投獄されるかのリスクがある国と違って、日本は平和な国だ。ただ、特定の政党が半永久的に権力の座に居続けるという意味では半ば独裁体制に近い。

今後も、自民党は危機に応じて疑似政権交代のような動きを繰り返すことで、自らの立場を維持しようとするだろうし、相も変わらず、他に選択肢がないからという極めて消極的な理由で、日本人の多くは自民党に投票し続けるのだろう。「民主党は悪夢だった」という決まり文句を繰り返すのではなく、野党を育てようというスタンスを持たない限り、ぼやいているだけで終わってしまう。

正直、筆者もその一人だ。未だに素性がはっきりしない維新の会や、世論やマスコミ報道に合わせて左右に揺れる立憲民主党に投票する気にはならないが、これだけ政権交代が起きない、いや、衆参ネジレも起きない政治状況は正しいとは思えない。

それに加えて、こんな穏便な権力にもびびりまくりで、特定の政党に肩入れしたと批判されるのを恐れるマスコミは、かつてのように政権政党への微温的な批判しか展開しないだろう。今から思い起こせば、かつてのように野党に肩入れした報道で、ちょうど日本の権力はバランスが取れていたのかもしれないが、正義としての中立というよりは、保身的な意図から中立を護持するマスコミには今後もそれほど期待できないだろう。

少なくとも、政治主導体制に変えた根拠の一つは政権交代だったはずだ。二大政党制の下で振り子のように権力が行き来するという前提だからこそ、官邸に権力を集中したとしても腐敗しない。そんな前提だったはずだ。その前提が崩れているどころか、半永久的に政権交代が起きそうにない現状……そうであれば、政治に対するシステムを変える必要がある。それが政治主導を見直す一つの出発点だ。

政治家のバラマキのツケを払うのは国民

政治主導を見直すべき視点はもう一つある。それは政治家の優柔不断どころか、物事をすべて先送りしようとする態度だ。

その典型例が、アベノミクス以降のバラマキだ。異次元の金融緩和には良い側面もあったと思う。実態はともかくとして、株価が上がり、失業率が下がったことで何となく世の中が明るくなった。そんな気はするが……その一方で、成長戦略は成否を議論する以前の問題だし、何よりも、日銀が国債を引き受けるというシステムの中でバラマキが激しくなっている。そこにコロナ禍が重なったこともあり、財政赤字は累積する一方だ。

たしかに、通貨を発行する世界有数の経済大国が財政赤字の累積で破綻するというのは考えにくい。破綻する、破綻すると叫び続けている識者がいるが、現実には日本経済は安泰だ。

財政破綻の気配もない。その一方で、2023年の輸入インフレでも顕在化したように、過度に円安に傾いているにもかかわらず、金融政策には恐ろしいくらいに柔軟性がなかった。どこの国もやっていない長期金利のコントロールにまで踏み込んでしまった日銀には、選択肢がそれほどなかったのだ。結局、円安を一因とする輸入インフレでガソリン代や電気代が上がり、それを政府が巨額の予算で補塡しているのが現状だ。

こういうグダグダな財政・金融政策に加えて、少子高齢化が一層進展する中、政府が謳う全世代型社会保障を追求すると、さらなる財政赤字の拡大は避けられない。金融緩和や国債の発行を支持する一部の識者は「まだまだ大丈夫だ。それよりも、こんな情勢で増税すると何が起こるかわからない」と主張するが、どこまで信じていいのだろうか？

ここでは財政赤字に関する複雑な議論はおいておくが、日本経済自体の信用力が落ちた時、財政赤字はものすごい災厄をもたらすだろう。そんな日は来ないと言い切れるだろうか？ドイツや（そのうち）インドにGDPを抜かれた程度ではびくともしないかもしれないが、南海トラフ地震などの災害が迫り来て、東日本大震災と比較にならないくらいに供給能力が落ち込んだ時はどうだろうか。それより何より、金融緩和を主張する識者は一体、いつまで日本経済は増税できないくらいのヤバい水準に落ち込んでいると主張し続けるのだろうか。

金融緩和論者の主張のほうがよほど日本人を不安にさせている気がして仕方ない。難しい経済学の理論はさておいて、人間がやることだ。完璧なことなどあり得ないのだとすれば、何事も中庸に勝るものはない。そろそろ異次元緩和後の世界を睨むべきだろう。

そう考えると、政治家は限られた財源の中で、どこにどう予算を配分するかを決断しなければならない。そもそも、相対立したり、矛盾するさまざまな政策や予算に優先順位をつけ、国民から猛反対にあったとしても、取捨選択するというのが政治主導にした理由だったはずだ。予算配分を変えることは不利益配分でもある。予算を減らされた側には強い痛みがあるかもしれない。そんな大仕事は選挙で選ばれた政治家がやるべきだ。これが政治主導の大きな理由の一つだったはずだ。

痛みを伴う資源配分から逃げまくり、世間ウケの良いバラマキばかりしている政治家になぜ権限を集中させる必要があるのか。しかも、腹立たしいことに、インフレで少し税収が潤うと、税収や国家財政はあたかも自分の財布のように思っているのか、国民に還元すると言い出す始末だ。今現在のバラマキのツケを払うのは国民だ。しかも、大した恩恵を受けてもいない若者や、まだこの世に生を受けていない未来の子どもがツケを払わされるのだ。

経済が苦しい時には財政政策や金融政策で国民生活を下支えするというのがセオリーだと

しても、そろそろ限界に近づきつつあるのではないか。多くの国民はそう感じている。財務省に洗脳されているわけではなく、日常生活からくる感覚でそう思っているのだ。家計のロジックと財政のロジックが異なることなど、耳年増の日本人はよくわかっているのだ。

政治家の権力を抑止するシステムを

この二つの現状を考えた時、我々はそろそろ政治家を民主主義社会の王であるかの如くに扱い、彼らにすべての権限を委ねるというやり方を見直すべきだ。ただ、そうは言っても、お任せ民主主義で文句を言わない国民や世論に期待はできない。吠えない犬と化して久しいマスコミにも期待はできない。何か解決策はないものかと考えると、政治家を縛る規範や制度作りにいきつく。内閣人事局制度と同様に、政治家の権力を抑止するシステムを作っておけば、世論やマスコミに期待しなくても物事は動くだろう。

そのための第一歩として、まず、政治家を中心に置いた民主主義観から脱しよう。国民は政治家を信用していない。間接民主主義は不備だらけゆえに、デモなどの直接行動に出ている。いわば、選挙と直接行動が相まって現代民主主義は何とか均衡を保っているのに対して、日本では政治は信用できないとぼやきながらも、直接何かをするわけでもなく、政治にすべてを委ねている。そんな状況があるからか、ポピュリスティックな政治家は「選挙で選ばれたんだ、文句があるのか！」と威張り散らしている。この状況で、知識人もマスコミも民意を体現している政治家を恐れている。主権者は政治家を信用していないのに、政治に近い場にいる専門家は間接民主主義の建前を過度に恐れるあまり、何も声をあげない。この状況をまず変えるところからすべては始まる。選挙＝絶対的な民主主義から脱して、政治家の在るべき姿を本格的に議論する段階に来ている。幼稚な単純間接民主主義観から脱すべきだ。

その上で、政治家を縛るさまざまな法律や制度を制定する。例えば、官僚は国家公務員法でさまざまな縛りを受ける一方で、政治家には何ら規制じみたものがない。出処進退は政治家本人が決めるとはよくいう。政治家の背後には選挙民の意思があり、民主主義ではそれが最も重いものだからというのが理屈だが、選挙にあまりにも重みを持たせすぎている。

一時的とはいえ民意は重い。ただ、それを政治家が悪用しているとしたら、このまま放置してもよいものだろうか？　しかも、選挙では自分の意思を上手く体現できないと考えている主権者のほうが多数派なのに。

悪事を働く政治家は厳しく罰しよう。極端に言えば、不逮捕特権などの特権を剝奪すべきだ。政治とカネが話題になっている現状に照らして言えば、政治家だけどうしてあんなに犯罪を立件するのにすごい手間暇がかかるのだろうか。今なお冤罪や自白強要が時折話題になる一方で、政治家の犯罪を証明するためには一体どれだけのエネルギーを費やすというのだろうか。

話が少し脱線しすぎた。官僚に絡めた身近な事例で言えば、政治家だけパワハラが適用されないというのが典型だ。どう考えても、国民や住民から選ばれた政治家が、試験で選ばれただけの公務員が暴走するのを抑止するという、およそ時代に合わない民主主義観で形作られている。

政治家を縛る制度を作ると同時に進めたいのは、政治家の活動を評価する制度だ。自民党に関して言えば、派閥の論理や仲間内の評価、当選回数などで地位をあげていく。マスコミは思い出したように、次の総理候補のアンケートをやっては、こちらが首を捻るような人物を持ち上げる。大新聞などはまだサンプル数などの点では合点がいくが、ネットに溢れるアンケートは意味不明なものも多いのに、不思議とアクセス数が集中していたりする。

もっと客観的に能力が計れないものだろうか。どの職業の能力が優れているなど安易に言えないとは思うが、さまざまな人間が入ってくる業界は競争が激しいがゆえに、人材の質も上がるだろう。優秀な人材が多く入れば、なおさら、質は高まる。人気のあるプロスポーツはその典型だ。

そのための第一歩は、聞かなくなって久しいマニフェスト制度の復活だと思う。民主党政権と一緒に追い払われた感があるが、マニフェストほど政党や政治家の能力を客観的に測るための良い指標はないと思う。特に、官邸主導体制になってから、官邸官僚のアイデア一つで思いついたように、あっちこっちに脱線する政策をみていると、選挙前にどういう政策をやり、どういう効果をもたらすかをはっきりと明言しておくことは、政党・政権・政権に参加する閣僚の業績を計るための絶好の指標となるはずだ。計測の精度はさまざまだろうが、とりあえず、みんなに同意を得やすいところからマニフェストの復活をめざすことにしよう。

官僚はすでに死んでいる

最後に、これからの官僚の未来を論じることで、本書を閉じることにしたい。

明治時代以来、政策形成と権力の中枢に位置してきた官僚だが、あえて断言すると、復権することはない。これからの官僚や公務員制度について可能な範囲で予測してみることにしよう。

本章の冒頭で記したように、官僚志願者は今後も激減していく。東大生は限りなくゼロに近づいていく。その理由は人手不足もあって優秀な若者の賃金は上昇し続けるからであり、仕事の中身から考えて官僚になるメリットはないからだ。外資系コンサルティング、ベンチャー、日系大企業、法曹分野、アカデミックな道などへと進むだろう。

ただし、東大生の志願者がゼロになることはない。一定数は必ず残る。一つは、特定の政策分野に強い思い入れがある学生、たとえば学生時代に勉強した社会保障を勉強し続けたいというような東大生は受験するだろう。官邸官僚になって国会議員や首長をめざすという野心家学生も残る。政治家になるためには依然として霞が関は近道だからだ。付け加えるならば、国会議員の子弟で、やがて家業を継ぐという東大生も霞が関に進むだろう。

その一方で、キャリア官僚の社会的地位はまだまだ高い。東大生が少なくなり合格しやすくなったこともあり、京大や一橋大などの一流国立、早慶上智などの一流私大に加えて、向上心のあるＭＡＲＣＨや関関同立の学生は増えるだろう。これまでキャリア官僚になれなかった学生の場合、目の色を変えて受験に臨むことだろう。

ただし、キャリア官僚＝東大生でなくなった場合、エリートの図式は怖いほどに崩れていくだろう。何度も言うが、明治時代以来、東大生が官僚の人材供給源となってきたこと、受験秀才の王者が東大生であることが官僚の権威の大きな源泉となってきた。それが崩壊すれば、官僚の権威は失墜する。優秀さなど測れないとか、そんなロジカルな理由ではなく、権威の図式が壊れるだけのことにすぎない。

また、10年、20年と経過する中で、MARCH出身の大学生も総合職試験を受験しなくなるだろう。22歳人口が絶対的に減少するのだ。民間企業は目の色を変えて人材確保にあの手この手で臨むに違いない。その一方で、いくら人手不足になったとしても、税は取られるものという感覚が抜けきらない日本では、キャリア官僚の給料が簡単に上がるとは思えない。やがてMARCH出身者も、激減していくだろう。

今現在、役所に籍を置いている官僚についてはどうだろうか。官僚がやる気をなくしているとは言うが、やるべきことはきちんとやっている。そんな印象が強い。コロナ禍での殺人的な残業時間をみてもわかるようにまだまだモラルは高い。

例えば、少子高齢化社会に向けて着実に土地法制の相次ぐ改正を進めるなど、やるべきことはやっている。世間はあまり注目していないだろうが、空き家や所有者不明土地の問題が重くのしかかる中、国交省はさまざまな法律改正に乗り出している（五十嵐　2022）。筆者自身の経験に照らしてもそうだが、政治がどうあれ、マスコミや世論がどう騒ごうが、自分たちに与えられた仕事は着実にこなそう。そんな真面目さが垣間みえる仕事ぶりだ。

不満や批判はあるのだろうが、どの政策分野においても、優秀な官僚は淡々と仕事をこなしている印象は強い。その一方で、政治家に異見する気骨のある官僚は、すでに死滅したと言っていいだろう。

やるべき仕事は黙々とやるが、政治家に異見はしたくてもできない……この現状があと10年続くとどうなるだろうか？　その間も若手官僚は入省はしてくるだろうが、政治家にこき使われる年輩の官僚をみては馬鹿らしくなり、続々と辞めていくだろう。長時間労働もそうだが、自分の考えも述べられない職場に嫌気がさすのだ。

官僚の本質も政治の本質も、真面目に追求すればそう変わらない。この国と国民を豊かにするためにはどうすればいいのか。それを考えれば考えるほど、自分だけの信念なり考えが芽生えてくるからだ。ただし、政治家であれ官僚であれ、どれだけ立派で頭が良くても、その信念なり考えが正しいとは限らない。そもそも、社会科学や人文科学に絶対などないのだ。せいぜいが各自の考えを述べて議論し、ぶつかり合いながら、より正しいものをめざしていく。今の霞が関はそれさえ許されなくなりつつある。しかも、自分の言論を統制している人間が、さして苦労もしていなければ、能力など疑問符だらけの世襲議員だとしたら……真面目な官僚の多くは馬鹿らしくなって職場を去るか、職場を去れない年配者はサボタージュを決め込むことだろう。

今の霞が関は、そんなモラル崩壊の入口にさしかかっている。もはや手遅れなのかもしれない。あえて言えば、すでに誇り高き官僚制度は死滅したのかもしれない。我々は90年代半ばから長い時間をかけて公務員制度を改革し、新しいものを作り上げようとしてきたが、結果をみると、明治以来100年以上にもわたる長い時間をかけて作り上げてきた精巧な芸術作品を破壊したにすぎなかったのかもしれない。筆者自身、公務員制度の研究者として、改めて、制度を作り替える怖さを実感する今日この頃である。

注釈

（1）どういう事件であったかについて簡単に記すと、事の発端は、国土交通省の東京航空局長だった山口勝弘氏の人事をめぐるさまざまなトラブルだった。山口氏が副社長を務めていた民間企業「空港施設」は空港のオフィスビルや格納庫の管理・運営などを手掛ける東京証券取引所プライム市場上場だった。しかも、国交省が同社の許認可に関わっていることもあり、人事をめぐるいざこざから、さまざまな問題が露呈していった。最も衝撃だったのは、国交省の元事務次官で東京メトロ会長の本田勝氏が２０２２年12月、山口氏を社長に昇格させるよう求めていた事実が発覚したことだ。会社側は要求を拒否したが、同省の事務方トップを務めた本田氏の言動は、民間企業への圧力とみられても仕方がなかった。

マスコミが連日書き立て、事態の真相を続々と明るみになったこともあり、退官したＯＢが天下りの斡旋を行う、いわゆる「裏下り」だけでなく、国交省自身も関わっているのではないかという疑惑が強まった。そのような中で、国交省現役職員から同省ＯＢに「線引き」と呼ばれる未公表の人事情報がメールで提供されていた問題が発覚するに及んで、この資料が天下り斡旋の要件に当てはまるのではないかと議論になった。

2023年末現在、この問題は再就職等監視委員会の調査にかかり、同委員会は膨大な客観的証拠に基づく事実関係の確認の上、再就職規制違反は認められないとしたが、OBが再就職に介在していたことや、個人的には調査結果に首をひねらざるを得ないところもあり、後味は必ずしもすっきりしたものとはなっていない。

(2)『安倍晋三 回顧録』では、消費税の税率を上げるに際しての財務省との確執が赤裸々に記されているが、2014年に税率引き上げを見送った際、財務省が麻生太郎財務大臣による説得に加えて、谷垣禎一幹事長を担いで安倍政権批判を展開し、自分を引きずり下ろそうと画策したと述べ、「彼らは省益のためなら政権を倒すことも辞さない」と述べている。なお、財務省に対するやや極端とも言える根深い不信感については、同書310〜313頁に詳しい。

(3)その一方で、菅官房長官に左遷された当事者である平嶋彰英立教大学特任教授はインタビューで「当時の高市早苗総務相が官邸に人事案を上げたら、私だけバツを付けられたということで『ふるさと納税で菅ちゃんと何かあったの』と心配されたことがあった……」と答えている(「東京新聞」2020年9月20日付)。

(4)なお、「日本経済新聞」(2017年4月21日付)のこの記事を読むと、官房長官と3人の官房副長官で構成される人事検討会議は、任免協議の後に形式的に開催されるものではなく、むしろ、任免協議の前に開かれるもので、実質的に人事を決めるような重要な位置づけになっているように思われる。

（5）例えば、国会議員の不当な介入を防ぐ目的で定められた政官接触の記録を11省が作っていなかった問題で、制度を所管する内閣人事局も当初は否定していたが、実際には記録を保存していたことが明るみに出た。その際、同局は「任意で作った」と説明し、法律に基づく政官接触記録ではないとした（「毎日新聞」2016年2月25日付）という。だが、言い訳から推測して、内閣人事局職員の苦しい胸の内が読み取れる。

（6）ただ、ここ最近は生活苦は変わらないとしても、失業率が改善されたせいか、マスコミ報道を含めて世論はそれほど官僚に厳しくはない。バブル経済崩壊から第二次安倍政権誕生前くらいまでは「カスタマーハラスメント」どころか、公務員バッシングという状況に近かったからだ。興味がある方は、是非、分厚い学術書ではあるが拙著（中野 2013）をお読みいただきたい。

（7）内閣人事局が行った「令和3年度働き方改革職員アンケート」によると、(1)離職意向については、前回調査（2019年度）から傾向に変化なし、(2)30歳未満男性職員は7人に1人（13・5%）、30歳未満女性職員は9人に1人（11・4%）が離職意向を有している、(3)離職意向の要因として、30代以下の職員では、「自己成長できる魅力的な仕事につきたい」「専門性・スキルが磨かれている実感がない」が多く挙げられており、自己成長を実感できる魅力ある職場作りが必要としている。

参考文献

明石順平2023『データで見る日本経済の現在地』大和書房
アジア・パシフィック・イニシアティブ2022『検証　安倍政権』文春新書
安倍晋三2023『安倍晋三　回顧録』中央公論新社（聞き手　橋本五郎、聞き手・構成　尾山宏、監修　北村滋）
五十嵐敬喜2022『土地は誰のものか』岩波新書
出雲明子2014『公務員制度改革と政治主導』東海大学出版部
今井良2019『内閣情報調査室』幻冬舎新書
NHK取材班2021『霞が関のリアル』岩波書店
桂幹2023『日本の電機産業はなぜ凋落したのか』集英社新書
河合雅司2015『日本の少子化　百年の迷走』新潮選書
小谷賢2022『日本インテリジェンス史』中公新書
小林公夫2012「国家公務員の天下り根絶に向けた近年の取組」（『レファレンス』国立国会図書館及び立法考査局編、国立国会図書館）

小林泰明2023『国家は巨大ITに勝てるのか』新潮新書
嶋田博子2020『政治主導下の官僚の中立性』慈学社出版
嶋田博子2022『職業としての官僚』岩波新書
清水真人2005『官邸主導』日本経済新聞社
千正康裕2020『ブラック霞が関』新潮新書
高橋洋2010「内閣官房の研究——副長官補室による政策の総合調整の実態」(『年報行政研究』(45)日本行政学会編、ぎょうせい)
高橋祐貴2023『追跡 税金のゆくえ』光文社新書
Chalmers Johnson 1982 *MITI and the Japanese Miracle*, Stanford University Press(『通産省と日本の奇跡』矢野俊比古監訳、TBSブリタニカ)
辻清明1969『新版 日本官僚制の研究』東京大学出版会
中野雅至2009『天下りの研究』明石書店
中野雅至2009『「天下り」とは何か』講談社現代新書
中野雅至2012『財務省支配の裏側』朝日新書
中野雅至2013『公務員バッシングの研究』明石書店
日本経済新聞社2023『国費解剖』日経プレミアシリーズ
長谷川榮一 2022『首相官邸の2800日』新潮新書
秦郁彦編2001『日本官僚制総合事典1868-2000』東京大学出版会

幕蓮2018『官邸ポリス 総理を支配する闇の集団』講談社
原田久2018「天下りの実証分析－独立行政法人における業務の民間委託化を素材にして－」『立教法学』立教法学会編（98）
ポール・クルーグマン他2023『日本株はどこまで上がるか』宝島社新書
武者陵司2022『日経平均は4万円になる！』宝島社新書
村松岐夫1981『戦後日本の官僚制』東洋経済新報社
村山治2020『安倍・菅政権vs.検察庁』文藝春秋
森功2019『官邸官僚』文藝春秋
森功2022『国商』講談社
門間一夫2022『日本経済の見えない真実』日経BP
吉田徹2021『くじ引き民主主義』光文社新書

中野雅至　Nakano Masashi

神戸学院大学現代社会学部教授。1964年奈良県大和郡山市生まれ。同志社大学文学部卒業、新潟大学大学院現代社会文化研究科（博士後期課程）修了。経済学博士。大和郡山市役所勤務ののち、旧労働省入省（国家公務員Ⅰ種試験行政職）。2004年公募により兵庫県立大学大学院応用情報科学研究科助教授、その後教授。14年より現職。『天下りの研究』『公務員バッシングの研究』『没落するキャリア官僚』といった研究書から、『1勝100敗！　あるキャリア官僚の転職記』『政治主導はなぜ失敗するのか？』『財務省支配の裏側』など一般向けの本も多数執筆。

中公新書ラクレ 818

没落《ぼつらく》官僚《かんりょう》

国家《こっか》公務員《こうむいん》志願者《しがんしゃ》がゼロになる日《ひ》

2024年７月10日初版
2024年９月10日再版

著者……中野雅至《なかのまさし》

発行者……安部順一
発行所……中央公論新社
〒100-8152 東京都千代田区大手町 1-7-1
電話……販売 03-5299-1730　編集 03-5299-1870
URL https://www.chuko.co.jp/

本文印刷…三晃印刷　カバー印刷…大熊整美堂　製本…小泉製本

Published by CHUOKORON-SHINSHA, INC.
Printed in Japan ISBN978-4-12-150818-8 C1236

中公新書ラクレ　好評既刊

ラクレとは…la clef＝フランス語で「鍵」の意味です。
情報が氾濫するいま、時代を読み解き指針を示す
「知識の鍵」を提供します。

L401
大学教員 採用・人事のカラクリ
櫻田大造 著

大学教員になるための秘訣・裏ワザを一挙公開！　新学部設置や、採用人事に携わり、業界の内部事情に通じた現役教員が、「採る側の論理」を明かす。給与、昇進、派閥、公募、コネ、雑務……等々の赤裸々な実態も、取材とデータをもとに公開。大学教員への就職活動の成功事例、失敗事例を数多く紹介し、採用の決め手が何なのかを検証。団塊世代の定年退職で市場が動く今こそ、新たな「傾向と対策」を！

L785
防衛省に告ぐ
―元自衛隊現場トップが明かす防衛行政の失態
香田洋二 著

２０２０年、イージスアショアをめぐる一連の騒ぎで、防衛省が抱える構造的な欠陥が露呈した。行き当たりばったりの説明。現場を預かる自衛隊との連携の薄さ。危機感と責任感の不足。中国、ロシア、北朝鮮……。日本は今、未曽有の危機の中にある。ついに国防費はＧＤＰ比２％に拡充されるが、肝心の防衛行政がこれだけユルいんじゃ、この国は守れない。元・海上自衛隊自衛艦隊司令官（海将）が使命感と危機感で立ち上がった。

L802
厚生労働省の大罪
―コロナ政策を迷走させた医系技官の罪と罰
上　昌広 著

総理が命じても必死でＰＣＲ検査を抑制。執拗に感染者のプライベートを詮索。世界の潮流に背を向け、エアロゾル感染は認めない……。いまとなっては、非科学的としか思えないあの不可解な政策の数々はなんだったのか。だいたい、あの莫大なコロナ関連予算はどこに消えたのか。新型コロナは、日本の厚生行政とムラ社会である医療界が抱えてきた様々な問題を炙り出した。医療界きってのご意見番が、日本の厚生行政に直言する！